目次

メッカ

イスラームの都市社会

序章

メッカについて書こうとおもう。西暦の七世紀の初頭を中心として。メッカとは、いうまでもなく、イスラームにとっての世界の中心である。「野球のメッカ後楽園」などの表現で、われわれの日本語は「メッカ」という単語に「中心地」という意味をあたえている。西暦の七世紀とは、イスラームがおこった時期である。いいかえれば、メッカが世界の中心になった時期である。七世紀のメッカは、書くに価する対象であろう。

西欧的知の枠組

ここで描かれるメッカ社会の像は、多くの読者にとって、常識をこえたものになろう。われわれの常識は、われわれがうけた教育の範囲をあまりこえない。常識にはっきりした枠があるわけではないが、常識の枠のなかで日々の新聞・テレビなどの報道がつくられる。そしてそのような報道がまた常識の枠をつくっていく。われわれが常識の枠をこえた発想をもつのは、実際、容易ではない。

われわれの学校教育や報道の枠は、政治学、経済学、社会学、歴史学など現代の人文科学・社会科学の枠とほぼ重なりあう。それらさまざまな分野の学問は、おおむね、十九世紀の末の西欧で体系化した。十九世紀の末、いまから百年前の一八九一年の世界をふりかえってみよう。日本の暦では明治二十四年である。

その時代の最大の政治勢力として大英帝国があった。帝国は、エジプトからケニアにいたるナイル川の流域、そしてナイジェリアと南アフリカを支配していた。また、世界最大の人口をもつインド亜大陸も支配していた。カナダ、オーストラリア、ニュージーランドもまた大英帝国の一部であった。そして太平洋やインド洋の島々も大英帝国の領域であった。アメリカ合衆国は大英帝国から分離独立していたが、この「日の没することのない帝国」は、世界のおよそ三分の一を支配していたのである。

第三共和制下のフランスは、実質のところ帝国で、地中海をはさんだ対岸のアルジェリア、チュニジア、モロッコを支配し、さらにサハラ砂漠をこえた広大なサバンナ地帯をも植民地としていた。帝国はまた、インドシナ半島にも進出し、フランス領インドシナなるものを出現させていた。イギリスにくらべれば質・量ともに劣る植民地支配ではあったが、フランスはイギリスに精神的には対抗していた。

オランダもまた、今日のインドネシアの全域支配をめざして、その最後の段階にあった。ベルギーはアフリカの一角に植民地を確保したばかりであった。誕生してまもないドイツ帝国とイタリア王国ははやくも植民地をもとめ、ドイツはアフリカと太平洋で獲得していた。

植民地宗主国としては古手のスペインとポルトガルもアフリカやそのほかに植民地を確保していた。

一八九一年から百年前の一七九一年をとれば、スペインとポルトガルが中・南アメリカを支配していたとはいえ、アジア・アフリカの大部分は西欧から自立していた。西欧の力は貿易の拠点をおさえ、アジア・アフリカの商人が活躍する地域間貿易に参加することで精一杯であった。それから百年のあいだに世界はがらりと変わってしまったのである。たしかに一八九一年には、西欧勢力のほかにもいくつか巨大な政治勢力があった。ロシア帝国がその一つである。この帝国も広大な植民地を獲得しつつあった。しかしこの帝国の指導部は、西欧から自立した勢力になることをのぞまず、みずから西欧化することに必死であった。オスマン帝国と清帝国も巨大であった。しかし、当時のだれがみても、この両老帝国は解体の危機に瀕していた。西欧が、西欧だけが、急成長し、世界を指導していたのである。

今日の学問の基礎は、このような時代にかたちづくられた。その学問には一つの前提があった。世界は西欧化しつつあり、近い将来、西欧化は完成するであろう、とする歴史観がその前提である。学問の基礎は、対象を観察し、分類することである。自然は観察され、分類された。動物学、植物学などがさまざまな対象を分類した。分類は、一つの価値観をもっておこなわれた。動物にも植物にも、下等から高等にいたる「種」をみいだしたのである。生物は下等から高等へと進化するものなのである。人の身体も観察され、分類され、「人種」

がみつけられた。そして下等な人種と高等な人種がいることになった。西欧人を意味する「白人」がもっとも高等であることは自明であった。文化や社会もまた分類された。下等な社会や下等な文化から「進化」して西欧の高等な社会や文化がうまれたのである。下等なものは「優勝劣敗」の法則によって淘汰されるか、あるいは高等なものの指導をうけなければならないのである。人がみな「人種」としての西欧人になることが期待されていたわけではない。しかし、西欧的なものが世界を覆うことが期待されていた。政治の分野ではそれが達成されつつあった。社会や文化の分野でもそれは達成されるであろう。西欧のものが「高等」であることは、証明するという学問的手続きは必要のない、自明の前提であった。

われわれの日本は、今から百年前に体系化したこのような学問をそのまま輸入した。すべての学問には「原典」があった。学問のそれぞれの領域で、学問を体系化した西欧の学者の著作が「原典」なのである。「原典」は、主として西欧世界の観察と分析と叙述であった。われわれも、それを基準にわれわれの学問の枠組をつくり、それがわれわれの常識の枠組をつくった。

多様化する世界

一八九一年から百年たった一九九一年の今日、世界はまたがらりと変わってしまった。百年前の帝国はすべて滅んだ。二つだけ、形を変えながらも政治的枠組としては生きのこった帝国がある。ロシア帝国の継承者ソ連と清帝国の継承者中国である。百年前の人々は、この二つは、とくに清帝国は滅びると考えていた。ところが生きのこったのである。それ以外はほんとうに滅んでしまった。瀕死の重症にあったオスマン帝国が最初に滅び、解体した。われわれの大日本帝国は、百年前にはその影すらもなかったが、多くの西欧知識人にとっては意外なことにその後急成長した。しかしそれも滅んだ。そしてすべての西欧の勢力も帝国を維持できなくなった。第二次世界大戦で、大日本帝国とともに帝国としてのドイツとイタリアが滅んだ。戦勝国であった大英帝国はその後、インドの独立をゆるし、エジプトのナセル大統領にほんろうされ、今日では香港やフォークランド島などを植民地にするだけで、みるかげもない。フランスはヴェトナムやアルジェリアで軍事的に敗北し、帝国としての生命を終えた。オランダはインドネシアの独立戦争に敗れた。ベルギー、スペイン、ポルトガルもアフリカの植民地のほとんどを失った。歴史をふりかえってみれば、西欧が世界を制覇していた時代は、百年と少しの期間にすぎなかった。そしてそれはすでに終わってしまった。

西欧の政治勢力に代わって、ソ連とアメリカが世界を制覇し、たがいに対立したかにみえた。この両勢力は、ドイツを分割し、朝鮮半島で武力衝突した。しかし、実際の世界政治は二極分割という単純な構図はとらなかった。共産党が指導する国家として再生した中国は、一時期ソ連圏にふくまれたが、一九六〇年代にはいると独自な道を歩きはじめた。インドやエジプト、インドネシアなども非同盟を主張して、ソ連圏とアメリカ圏以外の第三世界が現実に存在することをしめした。世界は、帝国の崩壊とともに多極化していたのである。そして第二次大戦後につくられたソ連圏は今や崩壊し、ソ連自体の存在も危うい。

われわれは現代という政治的には多極化した時代を、一方で「一体化しつつある世界」の時代ととらえることができるかもしれない。通信と交通のための技術発展と、それにもとづいた通信網と交通システムが世界を覆いつくそうとしている。政治、外交、貿易、国際金融、報道、学問などのための共通語として、英語(アメリカ語)が急速に普及しつつある。世界の大都市には、西欧的な、より正確にはアメリカ的なホテルがあり、旅行者は世界のどこでも同じスタイルのサービスを期待できる。英語が話せ、ホテルに泊まることを厭わなければ、国籍を問わずにさまざまな分野で「国際人」として活躍できるのである。百年前の西欧の人々が漠然と、しかし確信をもって予想していたこと、すなわち、西欧的なものが世界を覆うであろうとの予想は、アメリカ的なものによそおいを変えて実現したかのようである。「帝国」を維持したソ連と中国は、このアメリカ的なものに反発していた。しかしいまやこの両者も英語を話す「国際人」の育成にのりだしている。

たしかに世界各地で「国際人」はふえつづけ、外交だけではなく、企業活動、報道、学問などさまざまな分野での重要なことが、「国際人」による「国際会議」で決定されるようになった。しかしもう一つの現実は、世界が百数十の「国家」に分割されていることである。それぞれの国家は自立し、「国家」の枠のなかに「国民」をとりこもうとしている。インドネシア国民の現在と未来を決めるのは、オランダのアムステルダムにある政府ではなく、ジャカルタの政府である。インドの法律を制定するのは、ロンドンにある議会ではなくニューデリーの議会である。百数十の国家の運営は、「国際人」ではなくそれぞれの国の土着の人々がおこない、そこでは「国際人」の発言力はかならずしも大きくはない。アルジェリアの外交方針は、パリでは決定されずにアルジェで決まる。百数十の国家の行政、立法、裁判、教育などは、それぞれの「国語」でなされる。アメリカ語が国際人の共通語になる一方で、無数の「国語」が誕生し、成長しはじめている。

世界のどこででも国家建設がさかんにとなえられている。と同時に、国家は崩壊しつつある。カンボジアで、アフガニスタンで、レバノンで、そしてクウェートで国家は解体の危機に瀕している。欧州共同体のような国家をこえる体制をつくる努力もある。国境をこえた資本や出稼ぎ労働者は、国家の枠を無視しようとする。世界を、百数十の「国家」をとおしてとらえようとしても、それはとらえきれるものではない。「国語」の性格もまた同じである。イギリス国民のすべてが英語を話しているわけではない。ケルト語系のウェールズ語やアイルランド語を話す人々は、そのような言語の話し手であることの自覚をふかめている。インドネシア語はインドネシアの「国語」であるが、ジャワの人々はジャワ語を話している。言語とそれにもとづく文化は「国語」だけのレベルでとらえきれるものではない。世界はたしかに「一体化」しつつあるのだが、同時に、国家レベルで、また国家の枠をこえて

「多様化」しつつあるのだ。

さまざまな国家や国家をこえるものは、突然に無から生じたものではない。それぞれの歴史をもって、なおかつよそおいを新たにして登場したものである。百年前に、今日の国家や国家をこえるものの原形は存在していた。しかしそれらは近い将来に消えてゆくもの、あるいは西欧化することによって大きくその性格を変えるものとしてながめられ、学問のレベルで真剣にとりあげられることが少なかった。いいかえれば、その存在は無視されていたのである。

「常識」をこえるイスラーム

百年前に体系化された学問は変わらなければならない。西欧的なものの分析に終始した「原典」は、もはや「原典」ではありえない。法律の分野を例にとれば、かつては英米法と大陸法を学べばことたりた。ここでの大陸とはヨーロッパ亜大陸のことしか意味していない。大英帝国の宗主国とその影響下のアメリカ合衆国の法体系と、それに対抗していたフランスなどの帝国の法を学べば、世界をカバーしきれると考えていたのである。百年後の今日では、百数十の国家が、それぞれ独自に法を制定している。それらの法は、英米法や大陸法に規範をもとめたものであっても、それぞれの国家の歴史や社会の現状にそうものとなっている。われわれは、世界各地の歴史や社会の現状を知らなくては、法を理解できない時代に生きている。経済を例にとっても事態は同じである。日米経済摩擦でいらだつアメリカのある責任者は、日本の文化を変えろ、とさけんだという。西欧世界の歴史的分析から、経済学の体系はつくられた。しかし今日の生きた経済活動は、さまざまな文化を理解しないでは把握できないのである。政治学も、十九世紀の古典的国家論を基礎にする時代ではない。何しろ伝統をことにする百数十の国家が並存しているのが現代であるのだから。そして政治こそ、ある意味では、それぞれの土着文化に強く規定されるものなのだ。社会学も、歴史学も、すべての学問は変わらなければならないし、少しずつ変わりつつある。しかしその変化の速度は、現実の世界の変化の速度におよばない。

われわれの常識は、まだ、変化する前の学問の枠にとらわれている。「ヨーロッパ亜大陸」という単語をつかってみたが、この言葉は多くの読者にとって耳慣れない言葉であろう。ヨーロッパ大陸という言葉は氾濫している。これが常識の範囲内の言葉である。しかし、世界地図をすなおにみれば、ヨーロッパは独立している大陸にあるのではない。ヨーロッパは、アジアとひとつづきの大陸の西のはしにある。ヨーロッパの部分がアジアとはべつの大陸であるとするのは、ヨーロッパこそが世界の最先進地域であるとする十九世紀の学問のおもいこみの所産である。ヨーロッパが特別の地であるとする考えをすてれば、「ヨーロッパ大陸」という言葉はなくなり、このような表現は偏見の所産ということになる。われわれの常識は偏見にもとづいている。しかし、「ヨーロッパ亜大陸」という言葉は、これからのしばらくのあいだは、学校の教科書や新聞・テレビの報道でつかわれることはないであろう。

われわれは、日本にオペラのための国立劇場をつくろうとしている。オペラ劇場ぐらいないと先進国としてはずかしい、という常識がこの計画をささえている。オペラは世界的な芸術なのだ。しかし、筆者などはこれを不思議なこととおもう。なぜ日本に、西欧の伝統芸能のための国立劇場が必要なのだろうか、と。イギリスやフランスに日本の歌舞伎のための劇場やインド舞踊のための劇場はないのに。しかし、西欧の芸術こそが世界中で模範になる芸術であるとするのが常識で、西欧の芸術はしょせん西欧のものであって、日本やインドやアラブやその他もろもろの芸術とおなじレベルのものであるとするのは変わった意見なのである。オペラやクラシック音楽を西欧の伝統芸能とみなす筆者の意見は、とうぶんのあいだは変わった意見として真剣にかえりみられることはないだろう。

日本の大学の多くの文学部に、ドイツ文学科やフランス文学科がある。そしてドイツ文学やフランス文学の翻訳は無数にある。筆者などはこれを不思議におもう。これらはせいぜい二、三百年の伝統しかない。それにたいして、たとえば、アラブ文学は千数百年の伝統をもち、高度に洗練されている。大学は、ドイツ文学科やフランス文学科を廃しても、アラブ文学科をつくるべきだ、とおもう。しかしこれは容易には実現しないであろう。

実際のところ、インド出身であれアラブに生まれたにせよ「国際人」の多くは、西欧のものこそ規範であるとする常識をわれわれと共有している。だから、外国の国際人とつきあい、外国の国際人がつくるテレビの報道番組をみても、われわれは安心していられる。しかし、この常識をこえたところから現代の多くの問題が生じている。その一つの例がイスラームなのである。イスラームは現代世界のいたるところで問題となっている。イランでは革命をおこし国家の性格を変えてしまった。常識にしたがえば、近代の合理的な思弁は宗教の力をよわめるはずである。宗教は生きのこっても、個人の平安の問題にとどまるべきで、社会や国家に働きかけるものではないはずだ。それなのに現代のイスラームは常識にしたがわない。困ったものだ。こう考える常識人は、われわれの社会で教育や報道の現場にいる人のなかに多い。しかし、ほんとうは、イスラームが困った存在なのではなく、われわれの常識がおかしい、と筆者などは考えるのである。

イスラームだけが常識をこえているのではない。常識的な学問では見落とされていた多くのことがいま表面化している。日本や東・東南アジアの一部の国々の急激な経済発展は、二十年前には予想されていなかった事態である。社会主義、あるいは計画経済の弱点も見落とされていた。そのような例をあげればきりがない。ここでとりあげるのは、そのようなものの一つの例としてのイスラームの、その原点である七世紀初頭のメッカなのである。その描写は、当然のこととして、常識をこえることになる。

イスラームとは

本論にはいるまえに、本書でもちいられるいくつかの基本概念について説明しておきたい。言葉というものは、それをもちいる人によってその意味をことにする。特定の言葉に、筆者がどのような意味をこめるかについて、あらかじめ知ってほしいと思うからである。

イスラームという言葉をすでに何度ももちいている。イスラム教、あるいは回教という言葉はもちいない。イスラームというものを、常識的な「宗教」という概念のなかでとらえたくないからである。では、いわゆる「宗教」ではないイスラームとはなんなのかと問われると、ひとことで、あるいは数行の文章でこたえることはむずかしい。イスラーム研究者はよく、イスラームとは人の心のささえとなる「宗教」であるだけでなく、人々の日々の生活や、社会や、ときには国家の政治をも規定する規範である、と説明する。この説明はまちがってはいない。しかし、規範は明確なかたちをとっていない。一日五回の礼拝などの義務をはたさない人がいても、その人への罰に共通の規定はない。酒をのむことに寛大な社会もあれば、酒をのんだ人をきびしく罰する社会もある。イスラーム共和国、王国、首長国、世俗的な共和国などが現在のイスラーム世界に並存しているが、イスラームはそのどれをも認めている。イスラームはまた、社会主義も共産主義も資本主義をもつつみこんでしまう。イスラームは歴史的にもまた現在でも、さまざまな場でさまざまなかたちをとってあらわれる。イスいや、ときには姿をみせずに人や社会を規制する。姿かたちはさまざまで、しかもみえたりみえなかったりするが、現実に人の心のなかに、あるいは社会のなかに存在する、ある方向をもった思想・規範の総体がイスラームなのである。これでは言葉の定義にはならない。そのことを十分承知のうえで、しかしそのような意味でイスラームという言葉を筆者はもちいたいとおもう。

イスラームを尊重している人をムスリムとよぶ。一般にあるイスラーム教徒という概念とほぼかさなりあう。しかし、筆者にとってはイスラームは「宗教」ではないのだから、ここではイスラーム教徒という言葉を筆者はつかわない。ムスリムといっても、ムスリムであることをさほど自覚しない人もいれば、ムスリムであることを激しく自覚する人もいる。いいかえればムスリムの数だけ多様なイスラームがあることになる。ムスリムであることを激しく自覚し、さらに日々の生活をとおしてだけではなく抽象のレベルでもイスラームを理解しようとする人をムスリム知識人とよんでおく。イスラームの歴史的展開と現在は、ムスリム知識人におうところが大きい。むろん筆者は、ムスリム知識人のすべてがおなじ思想をもっているとは考えていない。現代では、ムスリム知識人のなかに「国際人」も数多くいる。歴史的にみれば、時代も、属している社会の性格も、思想もちがう人々を一括して一つの言葉でくくれるのか、という疑問はとうぜん生じよう。しかし、さまざまなイスラームが、言葉では明示できない特定の方向をもっているように、ムスリム知識人の思想や行動に、時代と地域をこえたある方向があると、筆者はおもうのである。

イスラームが卓越する社会の総体を、イスラーム世界とよびたい。イスラームとは実態のふたしかなもので、さらに卓越するという表現もなんともたよりない。それは、ムスリムが社会的、政治的に多数派である地域のすべてをひっくるめたものとほぼひとしいのだが、歴史的には人口の面でムスリムが少数派であってもムスリムが政治や社会活動の実権をにぎっている場合もあり、それをもふくめている。また、ムスリムではない政権担当者のもとに少数派として存在しているムスリム社会もふくんでいる。

イスラーム世界は、ムスリム社会の総体とはことなる概念である。ムスリム社会の総体を、イスラームの理念ではウンマという。ウンマが、現実の歴史のなかで一つのまとまりとして機能したことは、ムハンマドの時代とその直後をのぞいて、いちどもないが、イスラームの理念のなかでは一貫して存在した。それにたいしてイスラーム世界は、歴史的にも現代でも現実に存在する。イスラーム世界の住民はムスリムだけに限定されない。現実に存在した、また存在しているこの世界には、多くのキリスト教徒やユダヤ教徒、その他の宗教の信者を、また無宗教と称する人々をもふくんでいる。イスラーム世界が政治的に統一されていたのはイスラームの歴史のごく初期にかぎられる。たがいに対立する政権（国家）をいくつもふくみ、政治的に対立するいくつもの党派をふくんでいるのが、現実の歴史のなかのイスラーム世界であった。内部に緊密なまとまりがあるわけではないイスラーム世界であるが、それはたしかに存在する。

イスラーム、ムスリム、ムスリム知識人、イスラーム世界という基本的な概念が、あまりにも不明確ではないか、との批判があろう。しかし筆者は、それらを厳密に定義することなしにもちいようとおもう。現代の学問は、ものを数量化しようとする傾向がつよい。筆者は、数量化とは、ものの一面だけをとらえ、一つのものの総体をみる努力を放棄することだ、と信じている。リンゴがあったとしよう。商品としてリンゴをあつかうときには、これを数量化して、一ついくら、何トンの生産などのようにあつかい、各種の統計の基礎にする。しかし、特定の人にとって特定のリンゴはさまざまな意味をもつ。一人でまるまる一個をたべられるリンゴか、四人家族で分けなければいけないリンゴかによって一個のリンゴの意味はことなる。知り合いの農家から送られてきた特別のリンゴ、かわいい恋人といっしょにたべたリンゴ、などなどリンゴはさまざまである。人にとってさまざまな意味をもつリンゴを数量化したとき、その意味はすべて失われる。現代の学問のもう一つの特質は、数量化できないものは、可能なかぎり厳密に言葉で定義しようとすることである。そして言葉による定義も、数量化とおなじ危険、すなわち、一つのものを総体として理解する努力の放棄、を内包している。大きさも、形も、味もさまざまであるリンゴを言葉で定義しようとしてもむずかしい。赤くて丸い果物、では不正確だし、甘酸っぱい果物、でもだめだ。しかし定義はなくても、リンゴという言葉に対応するものはある。イスラーム、ムスリム、ムスリム知識人、イスラーム世界という、筆者がもちいる言葉に対応するものはたしかにある。そのことだけはぜひ理解してほしい。

イスラームの成立

本論の前提として、イスラームの歴史の大略を述べようとおもう。われわれ日本人は、学校教育や日々のマスコミの報道をとおして、西欧やアメリカの歴史の概略は承知している。しかし、イスラームの歴史に関しては、われわれの共通の知識はとぼしい。筆者は、ある高等学校の世界史の教科書の執筆者の一人である。それを執筆してつくづくおもう。なぜイスラーム世界の歴史の叙述にわりあてられるページ数が少ないのだろう、と。編集者にいわせれば、数年前よりは現在のほうがはるかにふえている。たしかに、筆者の高校時代にくらべれば格段にふえている。それでも、イスラームが勃興した七世紀から十四、五世紀までのイスラーム世界にわりあてられたページ数は、同時期の西ヨーロッパ史のそれの半分以下なのだ。筆者の見解では、この時代のイスラーム世界と西ヨーロッパ世界をくらべれば、人口といい、政治力といい、経済力といい、文明の力ともいうべきものといい、前者が後者を圧倒していた。わりあてページ数は逆でなくてはいけない、と信じている。しかしそう簡単には逆にならない。それはともあれ、ここで高等学校の教科書風の歴史叙述をしようというのではない。それよりもっと原則的なことの大略である。

筆者の用語としてのイスラームは、ムハンマドという名の人物の預言者としての活動にはじまる。ただややこしいことに、ムハンマドはイスラームをはじめたとは意識していないし、彼の用語でのイスラームはちがう意味をもっていたのである。ユダヤ教・キリスト教でいう「神」は、天地万物を創造し、やがて創ったものをすべて滅ぼす唯一絶対神である。われわれの世界は「神」によって創られ、やがて「神」によって壊されるのである。ムハンマドは、この「神」と、「破壊の日」が明日にもくるかもしれないことを「信じる」ように説き、活動した。「神」と「破壊の日の到来」を信じるのは、ユダヤ教徒やキリスト教徒だけではなく、そのような宗教が確立される前の世代の人々もしたことである。ムハンマドの用語では、イスラームとは、「神」と「破壊の日の到来」を信じ、行動することである。ムスリムとはそのように信じ、行動する人のことである。ムハンマドは、人類の祖であるアダムの信仰と行動をイスラームであるとし、彼をムスリムとみた。イスラームは人類の誕生とともに古いのである。ムハンマドは、彼の預言者としての活動の後半期には、自分と自分にしたがう者の信仰と行動は、ユダヤ教徒やキリスト教徒のそれとはことなることを自覚していた。しかし、ムハンマドにとってイスラームとムスリムという言葉は、「神」と「破壊の日の到来」を信じ、ただしく行動する人すべてをさす用語でありつづけた。ユダヤ教徒やキリスト教徒、あるいはそれらが確立される前の世代の人々のなかにもイスラームはあり、ムスリムはいたのである。筆者の用語とほぼ同義語としてのイスラームやムスリムという概念が確立するのは、ムハンマドの死後百年以上たってからのことである。しかし煩瑣と混乱をさけるために、ここではムハンマドや彼にしたがう者の信仰と行動をイスラームとよび、彼らをムスリムとよぼう。

ムハンマドは預言者、あるいは神の使徒、あるいは警告者と自覚して行動した。預言者とは、明日の天気を予言したり恋の失敗・成就を予言したりする人なのではなく、神の言葉を預かってそれを人間に伝える人のことである。神の使徒もおなじ概念である。警告者とは、神の命を受けて、「神」と「破壊の日の到来」を信じない者は明日にもくるかもしれない「破壊の日」に神に裁かれて地獄におちることを警告する者である。いずれにせよ、彼は彼自身を、神の命を受け神から言葉を賜る特別な人であると認識していた。ムハンマドによる彼自身の位置づけは、イスラーム世界で継承されて今日にいたっている。ムスリムであることとの必要最小限の条件は、神が唯一であることを認め同時にムハンマドが預言者であることを認めることである。ここで重要なことは、ムハンマドは預言者という特別な人ではあるが、人間であることである。彼自身も、後世のあるいは現代のムスリムも、ムハンマドを神と同一視しない。彼は人間であるから死んでしまった。イスラームのなかに、彼が救世主として復活するという発想はない。死んだままである。彼は人間であるから、神のように崇拝の対象にはならない。死んだムハンマドに願をかけても御利益はない。後世のあるいは現代のムスリムは、生きていたときのムハンマドの信仰と行動をみずからの指針にするが、死んでしまった彼を信仰の対象にはしないのである。

　ムハンマドは、キリスト教ローマ教会派の暦（西暦）で五七〇年ごろ生まれた。生まれた場所がアラビアのメッカであった。そのメッカについてこれから述べようとするわけだが、彼はその町で生まれ、育ち、町の政治や戦争や商売を経験して、結婚して家庭を築き子を育てた。彼が警告者として自覚し、宗教活動に目覚めるのは四十歳のときであったという。どのような宗教であっても、その出発の時点ではそれは新興宗教である。新興宗教としてのイスラームは、メッカという町のなかでごく少数のムスリムを得ただけで、圧倒的多数の住民にとっては迷惑な存在であった。ムスリムとなった若者の親や兄弟・親族は、息子や娘が、あるいは一族の若者が新興宗教に狂ってしまったとして、ムハンマドとその仲間を激しく攻撃した。ムハンマドにしてみればそれは、イスラームへの迫害であった。この時点でのイスラームは、迫害を耐え忍ぶ少数者の運動でしかなかった。

　キリスト教ローマ教会派の暦で六二二年、のちにつくられることになるイスラームの暦で紀元元年に、ムハンマドはメッカを棄てメディナという町に移住した。ここで新興宗教としては異例なことがおきた。町の住民の大多数が、建前としては、ムスリムになってしまったのである。なぜこのようなことがおきたのかは、メッカとのかかわりで本文で述べることになる。ともあれムハンマドのメディナへの移住を契機に、メディナにイスラーム世界が誕生した。それゆえ移住の年が暦の紀元となるのである。ムハンマドのメディナでの活動は十年と少しであったが、その期間にイスラーム世界はメッカをもまきこんで発展し、ムハンマドの死亡時にはアラビアのかなりの部分をカヴァーしていた。

イスラーム的知の枠組

メディナに成立し、最後にはアラビアのかなりの部分を覆うことになったムハンマド生存時のイスラーム世界の中心に、ムハンマドその人がいた。彼は、イスラーム世界の政治、軍事、司法、経済活動、倫理、生活指導などすべての面での指導者であった。彼は、それらの仕事を、神の指導をうけてなしている、と自覚していた。神はたえず彼に啓示をあたえた。ムハンマドは、突然に気を失い、周囲のだれがみても異常な状態に陥る。正気にもどった直後に彼の口から言葉が発せられるが、それはつねに見事な文をなす文言であった。彼とムスリムにとって、このような状態のとき彼の口から発せられた文言は、ムハンマドの言葉ではなく神の言葉すなわち啓示、と認識された。啓示は、唐突に下されることもあったが、ムハンマドが何らかの決定をするため思索にふけっているときにしばしば下った。イスラーム世界の政治、軍事、司法、その他の面での重要な決定は神がなしている、と考えられた。神の言葉、すなわちムハンマドに下された啓示を「本」としてまとめる努力がはじまり、彼の死後「本」は完成して『コーラン』となった。

後世のムスリム知識人は、ムハンマドを通じて神が直接指導したムハンマド生存時のイスラーム世界を、理想の世界とした。ムハンマドの行動のすべてが、神の啓示を待っておこなわれたのではない。彼は預言者と自覚して行動していた期間も人間として、寝て起きて、食べて排泄して、妻をめとって子をつくり、人とつきあい人を誉めあるいはそしり、人を裁き、戦い、政治的な決定を下していた。当時のムスリムは、ときにはムハンマドに不満をもつこともあり、またときにはムハンマドの決定にしたがわないこともあったが、ムハンマドの言葉と行動はつねに重みをもっていた。後世のムスリム知識人は、ムハンマドの言行は、もしそれが神の意志に反するものであったら神がそれを正したはずであるから、そうでない場合はすべて神の意志に適ったもの、と考えた。ムハンマドの死後百年、千年たった時代のムスリム知識人にとって、ムハンマドの言行を直接見聞きするわけにはいかない。ムハンマドの言行を伝えた「伝承」が集められ、「本」にまとめられることになる。

ムハンマドの死後、イスラーム世界は急速に拡大する。ムスリムの勢力は、今日のイランとアラブ世界の大半を支配下においた。百万人前後のムスリムが数千万人のキリスト教徒などを支配する国家ができ、その総体が当時のイスラーム世界であった。この時代のムスリム社会、すなわちウンマは、今日ふうにいえば、自由と平等の精神にあふれる理想のウンマであった。その指導者（カリフ）はウンマの構成員の互選で選ばれ、おのおのの構成員は自分の意志で戦いに参加していった。のちのイスラーム法は、ムハンマド生存中のウンマとともに、この時代のウンマも理想のそれとみなし、法の基礎をそこに求めている。たしかに、この時代のウンマは理想的な社会であったろう。またそこでの政治は理想に近いものであった。しかし、イスラーム世界全体を考えてみれば、ウンマとは支配者の社会であって、支配者であるムスリム全体と被支配者の関係は、理想的なそれではなく、力による支配にもとづいていた。われわれは、十九世紀のイギリスの政治を議会制民主主義の政治の典型ととらえている。たしかにイギリス国内だけを考えれば、議会制民主主義は発達していた。しかし、当時の大英帝国全体を考えれば、イギリスは力でインドなどを支配していた。イギリス議会はインドの運命も決めていた。そしてそこにはインドの代表はいない。議会制民主主義は、支配者であるイギリス人にとっての理想の政治制度であっても、被支配者であるインド人などにとっては差別的・抑圧的な制度でしかない。理想のウンマの政治もまた同じである。民主主義を理想と考えれば、イスラーム法がめざす制度も理想である。民主主義を差別と抑圧のための制度ととらえれば、この時代のイスラーム世界もまた差別と抑圧の世界であった。

理想のウンマは短命であった。ムハンマドの死後三十年たらずで分裂してしまう。ムスリムのあいだの政治的対立が、血を流す戦いとなった。対立・抗争のなかから党派が形成され、党派をささえる理論もつくられていった。ムハンマドの死後三十年もたてば、ムハンマドを直接知る世代の人は少なくなる。個人であれ党派であれ、その行動を決めようとするとき、ムハンマドの言行を参考にしようとした。『コーラン』が最終的な形に編纂され、ムハンマドの言行に関する「伝承」がつくられていく。ムハンマドを直接知る世代の人々が死に絶えたあとに、『コーラン』と「伝承」にたよってムハンマドの言行を知る「知」のありかたが確定した。

ムスリムは、当初は征服者であった。彼らと被征服者の違いはだれの目にも明白で、ムスリムはムスリムであることを自己規定する必要はなかった。しかし、世代の交代とともに、征服者と被征服者の区別はあいまいになる。ムスリムに自己を規定する必要が生じてきた。みずからの信仰、倫理などの総体をイスラームとよび、みずからをムスリムとよぶならわしが確立した。ムスリムの知識人は、礼拝、断食、巡礼などの儀礼の細部を、ムハンマド以来の伝統と『コーラン』と「伝承」にもとづいて定めていった。人々は、結婚、相続などで問題がおこると知識人に相談した。知識人は、『コーラン』と「伝承」をひいて、問題の正しい解決をもとめた。政治、軍事、経済活動、儀礼、結婚、相続、犯罪者への罰、その他何の問題でも『コーラン』と「伝承」が参照された。特定の問題に対するムスリム知識人の解答は一つではなかった。知識人は論争し、やがて論争はいくつかの学派をつくっていった。

論争に決着がつくことはない。いつの時代でも、どんな社会でも、政治、経済、社会のさまざまな問題は複雑であり、すべての問題を解決する万能の方法などありはしない、と筆者などは考える。ムスリム知識人にとっても神こそが万能であって、人にそれは期待しない。しかし、彼らは神の言葉の集積である『コーラン』にすべての指針がある、とも考えている。いかなる知識人でも普通の人であるかぎりは、『コーラン』から万能の指針を導き出すことはできないだけだ。特別な人ならどうか。普通のムスリム知識人にはわからない『コーラン』の奥義が理解できる特別な人がいる、という考えがムスリム知識人の一部にある。その考えが、政治的にはシーア派とよばれる党派を支えてきた。アリーという名の、ムハンマドの従弟であり娘婿である人物がその特別な人で、彼の特定の子孫が特別な人である資格を受け継いできた、とみなす。アリーの子孫はいつの時代にあってもたくさんいた。そのなかのだれが特別な人かをめぐって、シーア派の人々の意見は一致しない。シーア派とは、アリーの特定の子孫を特別な人とみなすさまざまな政治的党派の総称なのである。

預言者ムハンマドの死後三十年たらずで、ムスリムのウンマは分裂した。以後今日までそれは、政治的に、また思想的に分裂したままである。しかし当初は、政治的・思想的分派は少数派にとどまり、ウンマもイスラーム世界もウマイヤ朝そしてアッバース朝という政権のもとにゆるやかな統合をたもっていた。そしてそのあいだに、キリスト教やユダヤ教とはことなることを明白に自覚したイスラームの教義や法が体系化されていった。体系化、といっても一つの体系にまとまったという意味ではない。信仰告白・礼拝・巡礼・断食・喜捨などがムスリムの重要な義務であることはすべてのムスリム知識人が認めるが、たとえば礼拝の仕方の細部やその義務を守らなかった人への罰のありようなどでは無数の議論がある。体系化とは、議論の仕方のルールができた、とでもいいかえられる性格のものであった。九世紀になると、イスラーム世界の各地に地方政権が誕生してその政治的分裂はあらわになるが、イスラームの儀礼・法などの体系化は進んでいった。

十世紀の後半からしばらくのあいだ、シーア派のいくつかの政治勢力がイスラーム世界の主流となった。そのうちの最大の勢力は、エジプトのカイロに本拠をおく政権で、それはムハンマドの娘ファーティマの子孫と称する家系の人をカリフに戴き、ファーティマ朝とよばれていた。カリフは、『コーラン』の奥義に通じるイマームであった。この政権は、イスマーイール派とよばれるこの派の教義に通じた知識人を組織的に養成し、イスラーム世界の各地に派遣して宣伝につとめた。その結果ファーティマ朝の領土以外の地でもこの王朝が戴くカリフを支持する勢力が広範に存在するようになった。イスラーム世界の各地からカイロに知識人が参集し、そこで学び、また各地に散って勢力をふやしていった。このイスマーイール派とよばれる勢力に対抗するため、いわゆる正統派（スンナ派）もまた知識人の組織的養成をはじめた。その養成機関をマドラサといい、それは主として法学を教授する場であった。十一世紀以降、マドラサはイスラーム世界の各地に建てられ、全世界でほぼ共通のカリキュラムで教育がおこなわれた。法学はスンナ派とシーア派ではことなり、またスンナ派のなかにもいくつかの学派があって、けっして単一の体系ではないのだが、マドラサの普及とともに学派は固定し、学派間の差もまた固定した。マドラサで学ぶものはいくつもの法学派の考えを学ぶ。マドラサは、イスラーム世界の各地で、同一の教養をもったムスリム知識人を養成したのである。

マドラサで学んだムスリム知識人は、イスラーム世界の各地で裁判官となり、また権力者の顧問となり、また民衆の指導者となった。イスラーム世界は、政治的には分裂していても、同一の教養を背景にしたムスリム知識人の存在によって一つの文明世界としての統一が保たれた。しかし事態を違う面から眺めれば、ムスリム知識人の知の体系はワンパターン化し、それはマドラサの発展と逆比例して発展性を失っていった。十世紀までのイスラーム世界には、ムハンマドに関する、真偽取り混ぜて、無数の伝承があった。人々の興味は多様で、すべてのことにムハンマドの先例を必要としたため、多様な伝承が伝えられ、創られたのであった。伝承のことを一般にハディースという。ハディースとは多様なものであった。しかしマドラサでは、九世紀から十世紀に編纂された、法学のための特定の『ハディース集』だけが教材となり、他の多様なハディースは顧みられない。マドラサで学んだ知識人にとってハディースとは特定の『ハディース集』にある伝承だけを意味する言葉となった。『コーラン』の読みも多様であった。それもマドラサの発展とともに単一化され、特定の読みと解釈がムスリム知識人の共通の知識となった。

イスラームは、ムハンマドの死後数十年間は、イスラーム世界全体からみればごく少数者である征服者のものであった。その後、被征服者の社会からの改宗者もふえていったが、十世紀ごろまではムスリムは人口の面ではイスラーム世界の少数派であった。十一世紀になると、ムスリムは完全に多数派となった。いいかえれば、イスラームは民衆化したのである。それと並行して法学を中心に固定化しはじめたムスリム知識人の知の体系とは別なレベルで、さまざまな思想や行動がイスラームにもちこまれた。神を個人のレベルで認識しそれと一体化しようとする神秘主義とその教団活動などがその一つである。また聖者崇拝、聖者廟への参拝・巡礼などもその一つであった。神秘主義教団の指導者は、ムハンマドやその同世代のムスリムにその系譜の祖先を求めた。またムハンマドの子孫、すなわち娘ファーティマと従弟アリーの子孫は、ムハンマドの後十数世代までは聖者扱いされ、各地に彼らのための廟がつくられた。法学のための『ハディース集』には収められなかったムハンマドに関する伝承はかくして再生産されていった。

オリエンタリズムの克服

西欧諸国の政治的勃興は、イスラームを相対化してしまった。長いあいだ、イスラーム世界ではイスラームは絶対のものであった。キリスト教やユダヤ教は、イスラームに対抗するものではなく、イスラーム世界のなかで保護されるものでしかなかった。イスラーム世界のそとには、イスラームにとって無価値なものしかなく、学ぶべきものは何もなかった。マドラサで法学を学べば、人間としてもつべき知のあらかたは獲得できるはずであった。十九世紀から今世紀前半の西欧は、政治的にも、経済的にも、軍事的にも、また知的にも攻撃的であった。イスラーム世界はその攻撃をまっこうから受けて、動揺した。イスラームは至上のものであるかどうか疑わしくなったのである。イスラーム以外に西欧文明という優れたものがあるのではないか、と。ムスリムの知識人は、マドラサだけで学ばず、各種の西欧式の学校で学びはじめた。イスラームという枠組とあまりに攻撃的な西欧文明という枠組とをどう調和させるかが、近代のそして現代のムスリム知識人の未解決の問題となった。

西欧の知は、イスラームを総体としてではなく、ばらばらに解体して観察した。『コーラン』は、聖書と同様に、文献学的に分析された。法学のための『ハディース集』に収められたハディースは、そのすべてがムハンマドの時代までさかのぼることのない後世の偽作であるときめつけられた。神秘主義教団の指導者のもつ系譜や各地の聖者廟にまつられている聖者の遺体は根拠のないものであることが暴露された。西欧の知は、マドラサでの学問や民衆レベルでのイスラームのありように冷水を浴びせたのである。西欧の知は、一方で傲慢であった。西欧のイスラーム研究は結果として、イスラームを西欧文明よりははるかに遅れたものと位置づけるためのものとなった。歴史的に遅れた段階の文明であるイスラーム文明は近い将来滅びなければならない。遅れたムスリムを指導するのがわれわれ西欧人の役割である。イスラーム研究を経た西欧知識人は漠然とそのように考えた。それは、西欧勢力によるイスラーム世界の政治的支配を正当化する役割をはたした。このような役割を演じた西欧のイスラーム研究を、「オリエンタリズム」とよぶのが現代ムスリム知識人の新傾向となっている。たしかに、ムスリムにとっても、またわれわれ日本人の研究者にとっても、オリエンタリズムは克服されなくてはならない。

本書は、七世紀の初頭を中心として、歴史的なメッカを描こうとしている。学問的な歴史叙述は、客観的な事実の報告であるべきだ、と一般に考えられている。しかし、真実の客観的観察などはありえない、と筆者などは考える。観察はつねに観察する人の価値観にもとづくものだ。筆者は、オリエンタリズムを生んだ西欧の知の枠組のなかで教育をうけてきた。その枠組を抜け出るのは容易ではない。本書の素材となるのは、主としてムスリム知識人が伝えてきた伝承（ハディース）である。それは、歴史的なメッカを描くために伝えられてきたものではない。イスラームのさまざまな面に必要な情報として時代をとおして創られ伝えられたもので、イスラーム的な知の枠組のなかのものである。そこから筆者なりに考える歴史的事実を抽出するのもまた容易ではない。本書は、西欧的な知の枠組から抜け出る努力をしつつある筆者の、イスラーム的な知の枠組のなかの情報の再整理の、とりあえずの報告である。

一　前史

メッカの歴史地理

メッカのアラビア語表記をローマ字で表わせば、Makkaとなる。カタカナ表記ではマッカがふさわしいかもしれない。しかしここでは慣例にしたがってメッカと記そう。そのメッカは、地理学的記述をすれば、アラビア半島の南北でほぼ中央、東西で紅海よりの（海岸から七十キロメートルほど内陸）、北緯二十一度二十七分、東経三十九度四十九分の地点にある。緯度では台湾より南で、ヴェトナム北部にあたる。経度ではモスクワより少し東にあたる。メッカは、年間降水量が二百ミリに満たない、いわゆる乾燥地帯に属する。降雨はもっぱら冬にあるが、きまぐれで、数年間まったく降らなかったり、ときには豪雨となって、洪水をもたらす。夏の最低気温は三十二度、最高気温は四十度。冬のそれはそれぞれ十五度と三十二度。夏は炎熱のメッカとよばれ、猛暑がつづく。比較的大きな谷間とそれへの支谷、およびそれらの周囲の岩山が現在のメッカの市域であるが、七世紀初頭の、あるいはそれ以前のメッカの集落は谷間と支谷にあった。まれにある降雨のあと以外には谷に水が流れることはなく、それらはいわゆる涸谷（ワーディー）である。周囲の山にも谷間にも沖積土はなく、むきだしの岩だらけで、そこでの農耕は不可能である。ただ、谷間で井戸を掘れば、人間と動物のための飲料水は得られる。水だけはあるが、熱く、乾燥して、岩だらけで、緑はなく、周辺にも農耕地は少ない。それが本書の主題メッカの自然である。

アラビア半島の紅海よりに、半島を南北に貫く山脈が走っている。メッカは、この山脈の紅海側の麓にある。北のアカバ湾から南のイエメンまで紅海沿いの低地がつづくが、そこを南北に貫く交通路は海岸沿いにあって山脈の麓にはない。メッカは、伝統的な交通路からは外れたところにあることになる。しかもこの海岸沿いの交通路は、アラビアの南北を結ぶ交通路の幹線ではない。メッカの東の山脈をこえてさらにその東の高地が、アラビアの南北を結ぶ伝統的な幹線路であった。イスラームの伝承はその総体としては、人類の誕生時からメッカは世界の中心であった、とみなす考えを背景にしている。西欧のイスラーム学もそれにひきずられて、メッカはアラビアの南北を結ぶ交通路を押さえる地点にあった、とみなしつづけてきた。しかし、真実はどうも違うようだ。メッカは交通の幹線から少し外れたところにあった。

この交通路の北はシリアにつながり、南は南アラビアである。シリアとは、今日のシリア・アラブ共和国だけではなく、ヨルダン、イスラエル、レバノン、トルコの南部を含んだ広い地域をさす呼称である。南アラビアとは、今日のイエメン共和国という国がある地域をいう。シリアと南アラビアを結ぶこの交通路から少し外れたところにあったメッカにも、古くからシリアと南アラビアの影響は及んでいた。アラビアには半島の東西を結ぶ交通路も、伝統的に何本かあった。メッカはそのいずれとも直接には結ばれていないが、メッカをでて東の高原をはしる南北の交通路を北か南にいって途中で東に向かえば、半島の内陸部やペルシア湾岸地帯につく。ペルシア湾岸は伝統的に、イラクの平原（メソポタミア）に本拠をおくペルシア帝国の政治的影響下にあった。メッカにはまたイラクや湾岸地帯の影響も及んでいた。メッカを知るために、この地理的位置を念頭において、イスラーム勃興以前のアラビアの歴史をながめてみよう。

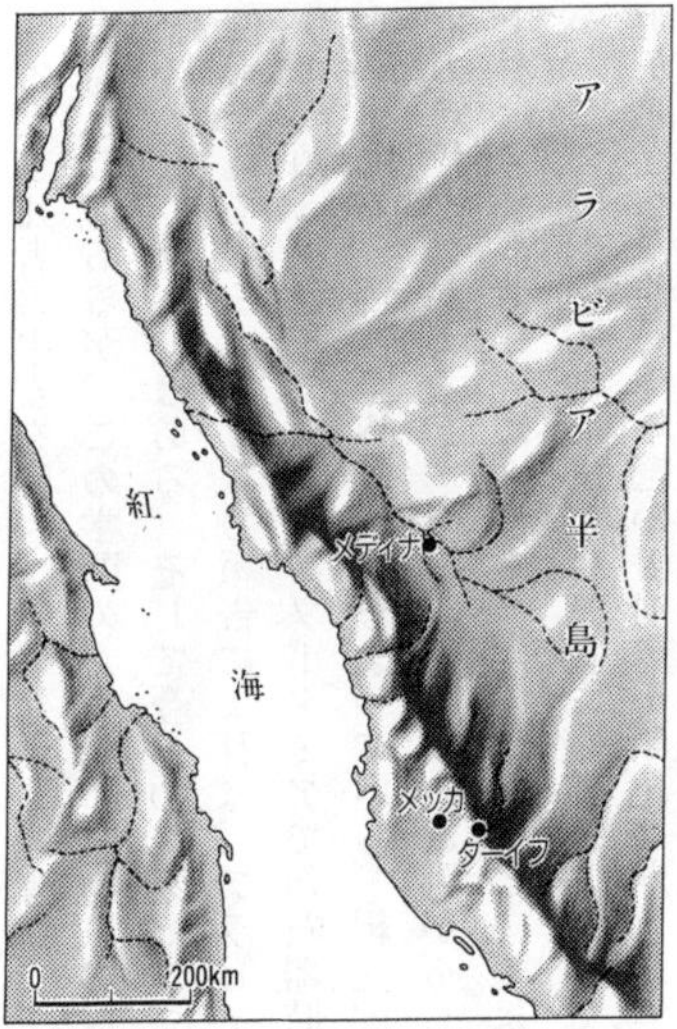

メッカ周辺地図

考古学の成果

古い時代の歴史を知る方法として、考古学という学問がある。地面を掘り下げて、昔の住居跡を調べたり、昔の人の墓を勝手に暴いたりする学問である。イスラーム世界の伝統にこのような学問はなく、十九世紀の西欧に由来する学問であることはいうまでもない。

昔の人が死者の平安を願って埋葬した墓を暴くことにためらいを感じない傲慢さを内包した学問なのであるが、この学問のためにわれわれの歴史にたいする知見が飛躍的にふえたことは否めない事実ではある。そして今日のアラビアでも考古学はさかんになりつつあり、発掘例もふえている。それらの報告によれば、アラビアにも、世界の各地と同様に、旧石器時代から人類は生存していた。メソポタミアで新石器時代がはじまると、並行して、アラビアの湾岸地域でも新石器時代がはじまっている。紀元前四千年紀、メソポタミアでウバイド式土器の時代をむかえると、湾岸の同時期の遺跡からも同形式の土器が発見される。この形式の土器はメソポタミアにはじまったのかアラビアではじまったのかは議論のわかれるところだが、この時期の両地域間には密接な交流があったことはうかがえる。メソポタミアに都市文明が成立した前三千年紀から前二千年紀にかけて、湾岸でも都市が成立し、その遺跡や墓が発掘されている。そしてその遺物は、この地の住民が、メソポタミアやインダス文明のインドと交易したことを語っている。アラビアの湾岸地域の人々は、わが国では縄文時代とよばれる時代から都市をつくり遠隔地貿易に従事していたのである。

メソポタミアと密接な関係のあったこの時代の湾岸の歴史は、七世紀のメッカにはまったく知られていない。そしてイスラーム世界の伝統のなかでも知られることはなかった。また、この時代の遺跡や墓は、アラビアの東部の湾岸地域でのみ調査・発掘されていて、メッカのあるアラビアの西部についてはは調査が及んでいない。われわれはとりあえず、このような考古学の成果があることを知るにとどめておこう。

ソロモンとシバの女王

紀元前一千年紀になると、アラビアの西部に関する情報はふえてくる。アラビアの西部を南北に貫く交通路の北はシリアで南は南アラビアであった。紀元前一千年紀のシリアの社会に関する良き情報源である『旧約聖書』は、しばしばアラビアにも言及している。さしあたり、『旧約聖書』の『列王紀・上』第一〇章と『歴代志・下』第九章にあるソロモンとシバの女王の話を『列王紀』から引用しよう。

シバの女王は主の名にかかわるソロモンの名声を聞いたので、難問をもってソロモンを試みようとたずねてきた。彼女は多くの従者を連れ、香料と、たくさんの金と宝石とをらくだに負わせてエルサレムにきた。彼女はソロモンのもとにきて、その心にあることをことごとく彼に告げたが、ソロモンはそのすべての問に答えた。王が知らないで彼女に説明のできないことは一つもなかった。シバの女王はソロモンのもろもろの知恵と、ソロモンが建てた宮殿、その食卓の食物と、列座の家来たちと、その侍臣たちの伺候ぶり、彼らの服装と、彼の給仕たち、および彼が主の宮でささげる燔祭《はんさい》を見て、全く気を奪われてしまった。

彼女は王に言った、「わたしが国であなたの事と、あなたの知恵について聞いたことは真実でありました。しかしわたしがきて、目に見るまでは、その言葉を信じませんでしたが、今見るとその半分もわたしは知らされていなかったのです。あなたの知恵と繁栄はわたしが聞いたうわさにまさっています。あなたの奥方たちはさいわいです。常にあなたの前に立って、あなたの知恵を聞く家来たちはさいわいです。あなたの神、主はほむべきかな。主はあなたを喜び、あなたをイスラエルの王位にのぼらせられました。主は永久にイスラエルを愛せられるゆえ、あなたを王として公道と正義とを行わせられるのです」。そして彼女は金百二十タラントおよび多くの香料と宝石とを王に贈った。シバの女王がソロモン王に贈ったような多くの香料は再びこなかった。

オフルから金を載せてきたヒラムの船は、またオフルからたくさんのびゃくだんの木と宝石とを運んできたので、王はびゃくだんの木をもって主の宮と王の宮殿のために壁柱を造り、また歌う人々のために琴と立琴とを造った。このようなびゃくだんの木は、かつてきたこともなく、また今日まで見たこともなかった。

ソロモン王はその豊かなのにしたがってシバの女王に贈り物をしたほかに、彼女の望みにまかせて、すべてその求める物を贈った。そして彼女はその家来たちと共に自分の国へ帰っていった。

さて一年の間にソロモンのところに、はいってきた金の目方は六百六十六タラントであ

った。そのほかに貿易商および商人の取引、ならびにアラビアの諸王と国の代官たちからも、はいってきた。［後略］

ソロモンとは、紀元前十世紀に、エルサレムを首都としてシリアのかなりの部分を支配したイスラエルの王である。その栄耀栄華の様は、『旧約聖書』に描かれて詳しい。ちなみにソロモンのアラビア語読みはスライマーンで、アラブ人のあいだで過去にも現代にもよくある名である。そのソロモンの、エルサレムにある王宮に、シバという国の女王が来た、という話である。シバの女王と関連して語られているオフルとは紅海の沿岸地方のこととされている。そこから金を運んでいたヒラムとは、ソロモンと同盟していたフェニキアの王である。ソロモンとヒラムは協力して紅海の海路を開拓し、南アラビアかあるいはその対岸のソマリアと通商していた。一方シバの女王は、ラクダの隊商を組んで、陸路で、南からエルサレムに来た、と『列王紀』は語っているのである。

シバの女王に関しては、おびただしい伝説がつくられた。南アラビアの紅海を挟んだ対岸はソマリア（エルトリア）であるが、そこは古代にあってはエチオピアの一部であった。エチオピアの『王統記』では、エチオピアの女王がソロモンを訪ねたことになっている。女王はラクダやロバの隊商を組んでソロモンのもとを訪れ六ヵ月間歓待される。帰国の前夜、彼女は奸計《かんけい》にあってソロモンに処女を奪われてしまう。帰国後生まれた男子がエチオピア王家の始祖となる。これがここでの粗筋である。一方『コーラン』は、七世紀のアラビアにあった伝説を伝えている（第二七「蟻の章」二〇〜四四節）。南アラビアの人々の共通の祖先サバアの名にちなんでサバアとよばれる集団の女王がここでは主人公である。ソロモンが鳥たちを検閲したときヤツガシラが見えなかった。ヤツガシラはサバアから彼らを治めている女の情報をもたらし、ソロモンはその情報を確認するためヤツガシラを使者にしてその女と手紙をやり取りして、最後にサバアの女はソロモンのもとを訪れた。彼女は、宮殿に入るとき池を見て裾をあげて両足を露《あらわ》にした。ソロモンはそれは池ではなくガラスの床であることを説明し、彼女は恥じ、そして世界の主である神（アッラー）に帰依《きえ》した、というのがその粗筋である。

シリアで一時期権勢をふるったソロモンと南の国シバの女王の説話は、多くのヴァリエーションをもちながら広く流布していたに違いない。その一つの型が『旧約聖書』に、別の型がエチオピアの『王統記』に、また別な型が『コーラン』に収められている、ということなのだ。『旧約聖書』の『歴代志』や『列王紀』の引用の部分がいつ成立したのかはっきりとはわからないが、紀元前六、五世紀よりさかのぼることはない、と考えられている。シバの女王の説話は、紀元前十世紀のソロモンの時代の歴史的事実を正確に伝えたもの、と考える必要はない。しかし、ソロモンの時代はともあれ、ある時代から南アラビアやエチオピアはシリアと、陸路と海路で活発に交易していた歴史的事実がこの説話に反映している、とみなすことはできよう。それよりはやく紀元前二千年紀のエジプトの新王国は、南アラビアやエルトリア・ソマリアをさすと考えられるプントと海路で交易していた。この時代はしかし、エジプトの国家的な事業として、エジプトの艦隊がプントまで出向いて取引をしたのであって、プントの商人がエジプトに出向いたのではなかった。それに対してシバの物語では、シリアとシバのあいだに通信網があり、その間をシバの商人が隊商を組んで往復している。南アラビアとエチオピアは、発展していたのである。

紀元前のアラビアとエチオピアの歴史

南アラビアとエチオピアの住民は、紀元前一千年紀から本書の主題である七世紀の少し前まで、同系統の言語と文字を使用していた。むろん、多少はことなる言語と文字ではあるが。そしてそれぞれの文字と言語による碑文が残されている。エチオピア文字によるエチオピア語の碑文はそれほど多くはなく、その網羅的・系統的な研究はいまだ着手されていない。一方南アラビア文字による南アラビア語の碑文は膨大な量が今日に残されていて、碑文文字学や個々の碑文の年代決定など着実に進展している。西暦に対比しての年代決定などいまだ専門家のあいだで議論の焦点となっている問題も少なくはないが、南アラビアの碑文をとおして、われわれは南アラビアの歴史にある程度迫ることができる。南アラビア語による碑文は、紀元五、六世紀までは書きつづけられた。また、紀元前五世紀のヘロドトスの『歴史』をはじめとしてそれ以後になると、シリアやエジプトなどで編纂されたギリシア語やラテン語の書物から、われわれはまた南アラビアやエチオピアに関する情報を得ることができる。以下は、それらの情報を集めて研究した研究者の結論の大略である。

ヘロドトスやその後のギリシア語やラテン語の地理書が描く南アラビアは、乳香や没薬《もつやく》という高価な香料の産地で、それらがさかんにシリアをはじめとする地中海世界に輸出されていた。それゆえこの時代の人々から見れば、南アラビアの支配者が香料や金を携えてシリアの支配者を訪ねたという話は、荒唐無稽なのではない。しかし、紀元前十世紀のソロモンの時代に、南アラビアの女王が彼を訪ねていった、という話そのものは根拠を欠くとされている。この時代にはいまだ、南アラビアには国家というべき組織はなく、南アラビアとシリアとの貿易もさかんではなかった、と考えられている。おそらくは、紀元前七、六世紀ごろから両者を結ぶ交易がさかんになり、南アラビアでは都市が繁栄し、いくつかの国家が組織されれた、とみなされる。『列王紀』などの挿話は、この時代の状況をより古い時代に反映させたものと考えてよい。

紀元前の時代の南アラビアに、サバア、マイーン、カタバーン、ハドラマウトなどの国家があったことは事実である。しかしこれらの国家がいつごろ興ったかについては、さまざまな説があっていまだ決着をみていない。いずれにせよ、紀元前五、四世紀以後では、これらの国々は互いに競い、ときにはその一つが他を従属させたりしていた。そしてこれらの国々の商人たちが、隊商を組んでシリアまで、あるいはもう一つの政治的中心地であるイラクへとでかけていたのである。サウディアラビアのリヤド大学（現・キング　サウド大学）の考古学科では、カルヤトゥル・ファウという都市遺跡の発掘をおこなっている。王宮と神殿と商店街と居住区をもつ大規模な都市遺跡で、南アラビアからペルシア湾岸に向かう交通路上の要地にあって紀元前二世紀ごろから紀元後三世紀にかけて繁栄した。この都市が存続していた時期の前半は、都市はマイーンの支配下にあったと、発掘責任者は推定している。マイーンという南アラビアの国家は、アラビア半島のあちこちに拠点を設けて、シリアやイラクと組織的に通商していた。そのような拠点のなかの大規模なものの一つが、現在発掘中の都市である、ということになる。

シリアは、地中海の沿岸沿いの平地やそのうしろの山地、その谷間など複雑な地形で、農耕地や都市が入り混じって存在しているが、内陸部には砂漠も広がる。そのシリア砂漠は、人文地理的にはアラビアの一部で、アラブとよばれる人々が遊牧生活をおくり、またときには小さな都市をつくっていた。シリア砂漠やアラビアの北部の住民であるアラブは、紀元前九世紀ごろからの、アッシリアやバビロニアの碑文に登場する。それらの王の敵として、あるいは味方として。また、紀元前六、五世紀ごろに成立したと考えられる『旧約聖書』の『歴代志』や『列王紀』には、アラブの商人や王などが登場する。彼らはまた、『エレミヤ書』『イザヤ書』などでは、デダン、テマ、ブズ、ドマなどというアラビア半島の北部にある都市の民としても登場する。彼らの使っていた文字は、いくつかのヴァリエーションがあるが、一括して北アラビア文字とよばれている。紀元前五世紀から紀元後三世紀ごろまでの、この北アラビア文字を記した碑文も大量に発見されている。しかし、その体系的な整理はいまだなされていない。いずれにせよ、文字をもち、都市をつくり、ときには小国家をもつくった人々、すなわちアラブが、北アラビアからシリアにかけて紀元前の時代に活躍していたのである。そして紀元前四世紀になるとナバタイというアラブの王国が、ペトラという都市を中心としてシリアとアラビアのかなりの地域を支配する国家として勃興し、繁栄することになる。『旧約聖書』の後期の書や『新約聖書』の『福音書』にあらわれるアラビア人は、ナバタイ王国の統治下のアラブのことである。ナバタイの人々は、ナバタイ文字という独自の文字をもち、ナバタイ語の碑文をつくった。ナバタイ文字は、しだいに北アラビア系の文字に取って代わっていった。七世紀のムハンマドの時代の文字は今日のアラビア文字の直接の祖先なのであるが、それはこのナバタイ文字の改良型である。

紀元前一千年紀の中ごろから後半という時代、わが国では縄文時代の晩期から弥生時代の初期にかけての時代であるが、アラビア半島の南でも北でも、都市が繁栄し、商業が活発におこなわれ、小国家が興亡を繰り返していた。その南と北では、住民の言語も文字もことなっていた。本書の主題である七世紀では、この南系の人々と北系の人々は、アラビアの南でも北でも入り混じって生活していて、言語も文字も一体化しつつあったのだが、人々は自分は南出身である、あるいは北出身であるという出自意識だけは強固にもっていた。それはそれぞれが独自な文明を背景にしているという意識ではなく、あくまでも系図にもとづく出自意識なのであるが。

預言者ムハンマドも、アラビアのはるか昔の歴史として、この時代のことをなにがしか認識していた。七世紀のアラビアの人は、紀元前の時代の碑文が読めたわけではなく、また、ギリシア語やラテン語の文献を読んだわけではないので、現代のわれわれが歴史として認識している上記のようなものではなかったが。『コーラン』第三四章は「サバアの章」と名づけられている。その第一五節から第一九節にサバアに関する記述があるためそう名づけられたのだが、その内容は以下である。かつて存在したサバアという名の集団に、神はその徽《しるし》を、二つの果樹園という形で示したのに、その集団の民は神に背いた。神はそれゆえダムから洪水を送り、それを苦い実を結ぶ園に変えた。神はまた、彼らと神が祝福した町（シリアの町か）のあいだにいくつかの町を設け、彼らの商用の旅を安全にしたのに、彼らはさらに厚かましい要求をしたため、神はそれらをみな粉々にしてしまった、と。南アラビアのサバアの国にはたしかに、マーリブのダムという巨大な建造物があり、それはしばしば決壊しては修復されていた。決壊のたびに、国の存立を脅かすような災害があったに違いない。サバアの国はまた、シリアやイラクとのあいだにいくつもの拠点を設けて、その隊商の安全を図っていたに違いない。そしてそれらはムハンマドの時代には廃墟となっていた。アラビアにあって、かつて神の恩寵を受けながらも、それに背き滅び去った民の一つの例として、ムハンマドはサバアという名を認識していたのである。

ムハンマドはまた『コーラン』で、サバアと同じように、かつて栄え、神によって滅ぼされた民として、ヌーフ（ノア）の民、アード、サムード、ルート（ロト）の民、パロの家族、マドヤンなどを挙げる。これらのうちパロとその家族だけはエジプトの住民であることが『コーラン』に明示されているが、ほかはどこの住民であるかは『コーラン』では不明である。ノアやロトは『旧約聖書』の人物であり、マドヤンはシナイ半島でモーセが出会った民であるのだが、ムハンマドは案外そのような地もすべて、アラビアと理解していたのかもしれない。アラビアからシリア、さらにシナイ半島にわたる地域一体に、ムハンマドの時代にはアラブが住んでいたのだから。そしてサムードは、紀元前八世紀のサルゴン王の碑文にもみえる名称で、北アラブ系の文字とその言語の中心部分は一般にサムード文字、サムード語ともよばれる。アードは、『旧約聖書』やギリシア語の文献などにはみえない集団名であり、おそらくはアラビアの一部に流布していたであろう伝承にもとづく過去の人間集団名であろう。アラビアの人々の記憶に残っていたこのような人間集団や『旧約聖書』に由来する名をもつ人間集団を取り混ぜてムハンマドは、アラビアの遠い過去を認識していたのである。それは紀元前一千年紀以来の北アラビアやシリア砂漠のアラブの、都市をつくり国家をつくりして興亡した歴史のムハンマドなりの認識であった。

同時代の日本に比べれば圧倒的に豊かな同時代資料をもつアラビアであるが、さりとて紀元前の時代にメッカがどうであったかを示す資料はじつは何もない。またムハンマドや彼と同時代の、すなわち七世紀のメッカの人々は、サバア、アード、サムードなどの人々が神の恩寵を得たり、神に背いて滅ぼされたりしていた時代、いったいメッカはどのような町であったのかを知ろうとする歴史意識をもちあわせなかった。

紀元前後のアラビア

さて現代の歴史家は、紀元前後の時代に、アラビアの情勢が大きく変わったことを知っている。前二世紀ごろから、アラビアの西にある紅海を通る海運がさかんになり、それをシリアやエジプトの人々が利用して通商した。彼らは、南アラビアやその対岸のアフリカの物産だけが目的で、この海路を利用したのではなかった。海の道は、インド洋を経て、インド、東南アジア、中国へと通じている。紀元前三千年紀のメソポタミアの人々が、ペルシア湾・インド洋を経てインドと通商し、その中継地にあたるアラビアのペルシア湾岸にも都市が勃興したことはすでに述べた。海の道は古くからあった。しかし、それは岸に沿って、夜は適宜岸辺に泊まりながら航行するものであったろう。季節風を利用してアラビアから直接インドにいたる航路が開発されたのは、紀元前二世紀のころと推定されている。そしてあい前後して、インドから東南アジア、東南アジアから中国への海路も開発された。中国の漢の時代に、中国から中央アジアにいたる、いわゆるシルクロードが開発されたことはよく知られている。これとほぼ同時期に、東西を結ぶ海路もまた発展していたのである。

アラビアの北にあるシリアやエジプト、そしてイラクやイランなどで、政治的変動も始まっていた。紀元前四世紀のアレクサンドロスの征服以来、それらの地はいわゆるヘレニズム時代となっていた。しかし、前三世紀にはイラン高原にパルティアという国家が興り、しばらくしてイラクに進出し、そこを本拠とした。漢の時代の中国はこの国を安息とよんだ。漢にとってシルクロードの目的地はこの安息なのであった。一方シリアにはセレウコス朝、エジプトにはプトレマイオス朝というギリシア語を話す人々が主権をもつ国家があった。この両王朝の対立の間隙をぬってシリアにはユダヤ教徒のハスモン王朝、アラブのナバタイ王朝などがあったのである。これらすべては、前一世紀に、ローマ帝国に吸収されてしまう。紀元前後の時代とは、アラビアの北でローマとパルティアが対立し、パルティアは陸路（シルクロード）とペルシア湾を経由する海路で、ローマは紅海を経る海路で東方の物産を輸入していた時代であった。その海路は二つともアラビアと関連していた。しかし、パルティアが利用していたペルシア湾経由の海路とそのアラビアへの影響については、資料が乏しい。

ローマ帝国は、そのエジプト駐屯軍を前二五年にアラビアに派遣している。南アラビアの征服を目指したものであったが、水不足に悩まされて得るところなく撤退してしまった。それはともあれ、そのとき従軍したストラボンという人物は、のちに地理誌を書く学者となり、その地理書にはアラビアに関する情報が含まれている。また後一世紀には、紅海からインド洋にかけての案内書である『エリュートラ海案内記』が著わされた。後二世紀に書かれたプトレマイオスの膨大な地理書もアラビアを含んでいる。ローマ世界はアラビアと紅海に興味をもち、その情報を今日に残している。その地の物産と、そこを経由して東方からもたらされる物産ゆえであった。

前一世紀にローマ帝国に吸収されたシリアのハスモン王朝は、しばらくは形を変えてローマ帝国の枠内で存続した。その後継国家の王がヘロデであった時代に、ナザレ人イエスが生まれたのである。イエスがキリスト（救世主）であると信じた人々の宗教、すなわちキリスト教はやがてアラビアに大きな影響をあたえることになるが、そのことは後に述べよう。後一世紀になると、かつてのハスモン王朝を支えていたユダヤ教徒は、ローマに対して武力をもって反抗し、敗れて、その中心地エルサレムを破壊され、四散してしまう。その一部はアラビアに来た。彼らはアラビア半島のあちこちのオアシスに定住しながら、一方で一部は拡散しつづけ、南アラビアにいたった。

前一世紀にローマ帝国に吸収されたシリアのもう一つの王朝であるアラブのナバタイ王国は、ローマ帝国の属国としてアラビアとシリア砂漠のかなりの部分を支配しつづけた。一方パルティアの属国としてハトラという町を根拠地とするアラブの王国があって、シリア砂漠で、ナバタイと競っていた。さらにシリア砂漠の真ん中には、パルミラの町を中心にアラブの政治勢力があり、それはローマに服していた。ローマのさまざまな記録には、シリア砂漠やアラビアの北部におそらくは遊牧民であるアラブの王たちが登場している。アラブに対するローマの支配は、間接的統治にとどまっていた。二世紀になると、ローマはナバタイの王を廃して、直轄のアラビア州を置いた。その首都はボスラといい、ナバタイの都ペトラが急速に衰えたのを尻目に繁栄し、ムハンマドの時代まで、シリアのアラブが集まる大都市でありつづけた。アラビア州が置かれたからといって、アラブのすべてがローマの権威に服したわけではなかったが、しばらくはローマの権威はアラブにとって巨大なものであった。

われわれの常識では、ローマ帝国は四七六年に滅んだことになっている。それよりさき三九五年にローマ帝国は東西に分裂し、そのうちの西の部分が滅んだときをもって帝国の滅亡とみなすのである。しかし、当時の政治状況に照らして事態を正確に理解すれば、三九五年以後しばらくのあいだローマ帝国には二人の皇帝がいて、四七六年からはまた一人になっただけのことで、帝国の滅亡という事態はなかったのである。七世紀の預言者ムハンマドは、シリアとエジプトなどアラビアの北の地域を統治し、アラビアの北部とシリア砂漠のアラブに大きな影響力をもっていたローマ帝国に大いなる関心をもっていた。しかし、後に述べるように、ムハンマドの時代のローマ帝国は、紀元後一、二世紀のローマ帝国とはその性格を大きく変えていたのではあるが。

紀元前後の時代、南アラビアでも政治的変動があった。ヒムヤルとよばれる王国が勃興し

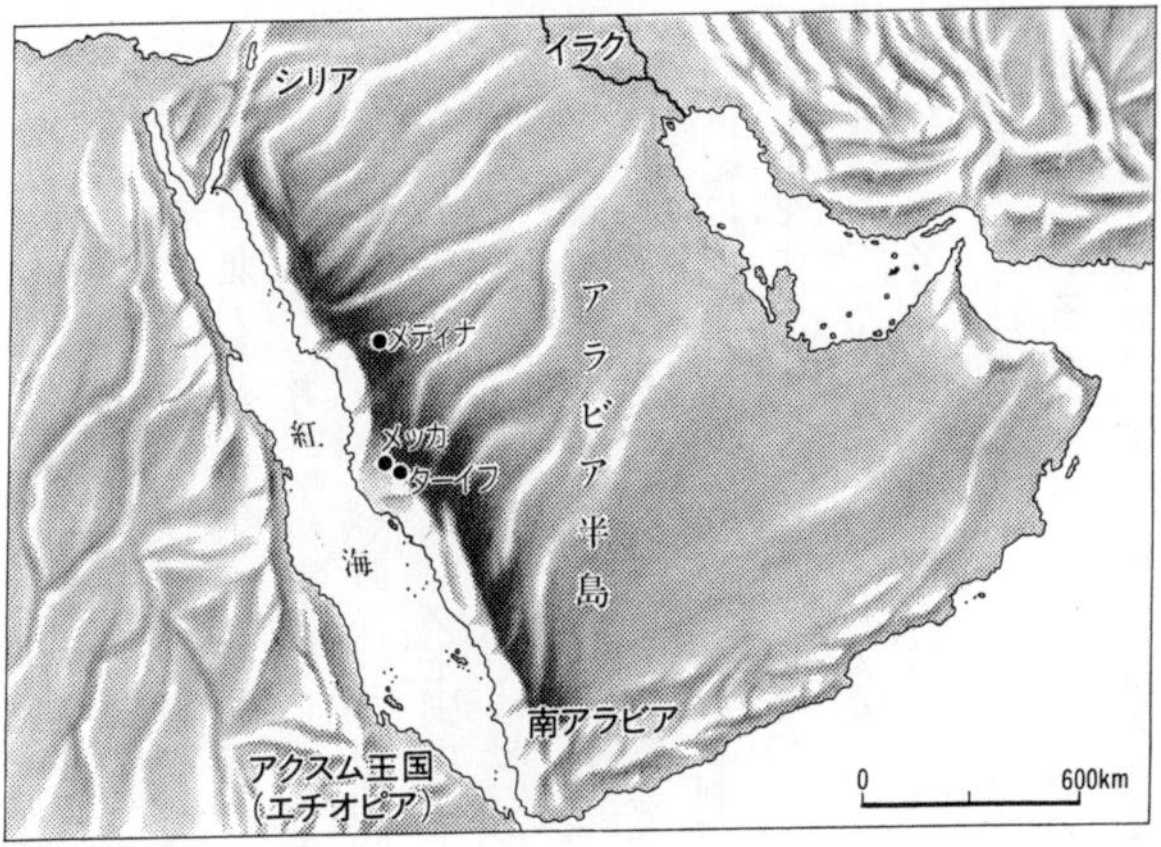

アラビア半島全図

たのである。かつてあったサバア、マイーン、カタバーン、ハドラマウトなどの王国は、サバアを除いて衰え、サバアやヒムヤルに吸収されていった。紅海の海運を押さえていたのは、しかし、このサバアでもヒムヤルでもなかった。紅海をはさんで南アラビアの対岸にあるエチオピアのアクスム王国が、海運の担い手であった。アクスム王国は、二世紀の後半から三世紀になると南アラビアを実質的に征服してしまったらしい。同じころ、南アラビア語の碑文はさかんにアラブについて言及する。この場合のアラブとは、北アラビア系の遊牧民のことであろう。紀元前の時代、北アラビアの人々と、南アラビアの人々は、言語も文化もことなっていた、と述べた。その北アラビア系の人々が着実に南アラビアに進出しはじめたのである。同時に、都市民や農民であった南アラビア系の人々も、遊牧民化して北へと移住していった。彼らは、北アラビア系の言語と文化を身につけていった。アラビアの各地で、北アラビア系の人々と、南アラビア系の人々が入り混じって住むようになり、全体としては、北アラビア系の言語と文化が優越してゆく傾向がはっきりしてきた。先に述べた、リヤド大学の考古学科が発掘しているカルヤトゥル・ファウの都市遺跡は紀元前二世紀から紀元後三世紀のものであり、その期間の前半はマイーン王国の貿易拠点であった。紀元後一世紀からのそこは、キンダ王国の中心都市であろう、と発掘責任者は推定している。この時期のキンダ王国は、おそらくはヒムヤル王国に服属しながら、ここを拠点に、砂漠の遊牧民をも支配していたに違いない。南アラビアの伝統的な王国の衰えと新しい政治状況がこの都市遺跡にあざやかに反映しているのである。

四世紀になると、南アラビアを軍事制圧していたエチオピア人は去り、ヒムヤル王国がサバア王国を圧倒するようになる。そのヒムヤルも、エチオピアのアクスム王国の属国のような存在であったと考えられているが、ともあれいちおうは南アラビアでの最大の王国であった。ムハンマドとその同世代人は、ヒムヤル王をトゥッバアという名で認識していた。ムハンマドは『コーラン』でメッカの不信者に言及していっている。「彼ら（メッカの不信者）がすぐれているのか、それともトゥッバアの民か、それともそれ以前の者たちか。われ（神）は彼らを滅ぼした。彼らは罪を犯した者たちであった」（四四章三七節）。ここでいっている「トゥッバアの民以前の者たち」とは、ノアの民とか、サバアなどのことであろう。トゥッバアの民は、彼らよりはより近い過去の人間集団であるが、やはり滅びてしまった集団、とムハンマドは理解していた。

紀元前後の時代から四世紀ごろまでのアラビアの、あるいはアラブの歴史は、ある程度はムハンマドの時代に伝えられていたことになる。またわれわれはこの時代のアラビアやアラブについてかなりの量の情報をもっている。いつの時代でもそうであるのだが、この時代もまたアラビアは激しい変化の時代であった。しかし、メッカがこの時代どのような町であったか、あるいは町というべきものはなかったのかについての情報は何もない。ムハンマドの時代のメッカの人々もまた、この時代のメッカについては、後に述べるような漠然とした情報しか保持していなかった。二世紀のプトレマイオスの地理書には、アラビアにあったかなりの数の都市の名を挙げている。そのなかにマコラバという名がある。現代の多くの学者は、これはメッカをさすものとみなしている。しかし、プトレマイオスがいうマコラバがのちのメッカである証拠は何もない。マコラバという地名は、多くの研究者が想像するように、ミクラーブという神殿をあらわす南アラビア語に由来するであろう。たしかに、われわれの知る七世紀のメッカには、カーバとよばれる神殿があった。そしてそのカーバは元来は、南アラビアの神のためのものであった可能性もある。しかし、現在発掘中のカルヤトゥル・ファァウの遺跡にも立派な神殿がある。二世紀当時、神殿はアラビアのあちこちにあったに違いない。また七世紀のアラビアでもそれはあちこちにあった。神殿は、アラビアでは、メッカの独占物ではないのである。それゆえ、二世紀にマコラバとよばれる都市がアラビアにあったこと以外は、プトレマイオスの記述から何も導き出すことはできない。

一神教革命

四、五世紀という時代は、地中海世界が大きな変化にみまわれた時代であった。一般の西洋史家が考える、古代から中世への移行期、という意味で筆者はいうのではない。わが国の西洋史の常識では、古代は都市と商業が発達し、中世ではそれが衰え農村中心の社会になったとされる。しかし、アルプス以北の、現在のドイツ、フランス北部、イギリスなどの地域の古代には都市と商業の発達はみられず、中世初期もなかった。そこでは古代と中世を区切る指標はないのである。一方、現在のアラブ諸国、トルコ、ギリシア、ユーゴスラビア、イタリア、イベリア（スペイン・ポルトガル）などから構成される地中海世界では、この時代に都市と商業が衰えたわけではなく、その繁栄は今日まで持続する。五、六世紀にアルプス以北から来たゲルマン人に征服された地中海世界の西半分では、たしかに一時的に都市は破壊された。しかし、七世紀のアラブの征服は、イタリアを除くこの地域にふたたび都市と商業の繁栄をもたらし、それに刺激されてイタリアの都市もやがて復興する。アルプス以北のヨーロッパでは、古代と中世の区分がむずかしく、またまったく別な意味で地中海世界でも古代と中世の区分は再検討されなければならない。

それにもかかわらず、筆者は、従来の西洋史家の考えとは別な意味合いで、四、五世紀が、地中海世界での、時代の大きな変わりめであったと考える。それは、社会・経済史的な意味ではなく、文明史的な意味においてである。すなわち、キリスト教がこの世界で普遍的になっていった、という意味でである。キリスト教は、いうまでもなく、ユダヤ教徒の社会からでてきた。ユダヤ教とキリスト教は、一神教という共通の枠で括れる。そしてイスラームも同じ枠で括れる。四、五世紀以後の時代は、一神教の発展の時代、とみなすことができるのである。
四、五世紀までの地中海世界は、神々の世界であった。神々は、都市の、都市群の、あるいはその他の人間集団の守護神である場合が多かった。都市や都市群やその他の人間集団の関係は歴史のなかで変化し、それにおうじて神々の序列も変わった。また、オリエントやエジプトの神々がギリシアの神々やローマの神々に変わるという神々の習合・分離もあった。神々の由来を説明するために無数の神話がつくられ、文学のもととなった。神話や文学のなかで、神々は誕生し、愛しあい、子を産み、またときには戦い、死んでいった。都市のなかの最良の場所と建造物は神々のためにあり、詩も物語も絵画も彫刻も音楽も舞踏も演劇も、要するに人間の知的活動のすべてが神々にささげるためにあった。
四、五世紀のキリスト教は、ローマ帝国の権力と結んで、神々の世界をすっかり破壊してしまった。紀元前三千年紀以来のエジプトの神聖文字は、神々を護っていた神官がいなくなったため、だれにとっても意味のないたんなる紋様になってしまった。神々のためにあったアテナイのアクロポリスは廃墟となった。各地のローマンシアターで上演されていた詩の朗読や演劇はすたれ、劇場も廃墟となった。ミロのヴィーナスなど神々の彫像は海に投げ捨てられ、神々を描いた絵画は焼かれてしまった。神々の文明は滅び、一神教だけの世界となったのである。筆者はこの事態を「一神教革命」とよんでいる。

「一神教革命」はアラビアにも大きな影響を与えた。アラビアはその一部がアラビア州としてローマ帝国の版図に組み込まれていたが、その大部分は帝国の版図の外にあった。それゆえ、権力を伴った革命はそこではなかった。しかし、巨大な革命であったがゆえに、地中海世界に隣接するアラビアもそれに無縁ではいられなかった。髪響の一つの側面は、南アラビアやその対岸のアフリカの特産物である乳香と没薬の需要が激減したためにあらわれた。地中海世界に無数にあった神殿では、香料が大量に焚かれた。ローマ帝国の時代になると、皇帝は同時に神でもあり、皇帝の権威を示すために、神殿の儀式はより大規模となり、香料の需要は激増した。エジプトでは太古よりこの時代までミイラがつくられつづけた。ミイラ作製には大量の没薬を必要とした。「一神教革命」は、神殿を破壊し、そこでの儀式をなくしてしまった。神殿に代わって普及していったユダヤ教徒のシナゴーグやキリスト教徒の教会での儀礼は少量の香料を焚くだけで、またその種類も地中海世界で生産されるもので十分で、南アラビア産の香料を必要としなかった。太古以来の神々を祀っていたエジプトの民はキリスト教徒となり、もはやミイラをつくらなくなった。没薬の需要はここでもなくなった。四、五世紀以後、南アラビアの香料は、インドや中国に輸出されたが、陸路や海路を経てシリアにたっし、そこから全地中海世界へと輸出されることはなくなってしまった。南アラビアの経済と、アラビアを南北に縦断する交易の規模は、縮小した。

「一神教革命」のアラビアへのもう一つの影響は、アラビアへのユダヤ教・キリスト教の普及そのものであった。アラビアの住民は、ローマ帝国の版図外に住んでいたため、権力をもって改宗を強制されることはなかったが、改宗者は着実にふえていった。アラビアのユダヤ教徒やキリスト教徒の多くは、おそらくは、ユダヤ教徒である、あるいはキリスト教徒である、と意識するよりは、「一神教」の信者と意識していたであろう。神々の世界を否定し、天地万物を創造した唯一なる神への信仰は、アラビアからみれば先進地域であるシリアやエジプトの新しい傾向なのである。それへの同化、という形で、アラビアの一神教化はすすんでいった。

四、五世紀以後の時代になると、七世紀のムハンマドとその同世代人は伝承という形でかなりの情報を残している。むろん、碑文資料、ギリシア語やシリア語の資料などもあるが、アラブの伝承を中心に歴史が描ける。七世紀に直結するこの時代は、伝承の性格を検討しながら、七世紀を中心とするメッカを描く次章以後で、適宜振り返ることにしよう。

二　系図と部族

父系の系図

　われわれの一人一人の名前は、姓と名からなっている。筆者の場合を例にとれば、後藤という姓が生まれる前から定まっていて、生後わが父が明という名を付けて、後藤明という名前で社会的な認知を受けている。われわれにとって馴染み深い中国でも人には姓と名がある。毛沢東という著名な人物は、毛が彼の姓で、沢東が名である。名の付けかたが日本とは多少ことなるのだが、また結婚した女がわが国では一般に姓が変わるが中国では変わらないという違いもあるが、姓と名という形式は同じである。そして現代では中国以上にわれわれにとって馴染み深くなっている欧米諸国でも、多くの人は姓と名をもつ。ジョン・ケネディといった具合である。われわれや中国とはことなって彼らの場合は名が先にあって姓が後になるが、姓と名という形式は同じである。われわれは、しばしば、欧米と中国、あるいはせいぜい韓国・朝鮮ぐらいがわかれば世界がわかった、としてしまいがちである。名前の場合なら、世界中の人はみな姓と名があるものと決めてしまい、姓というものがない文化圏の人とあうと戸惑ってしまう。しかし現実は、欧米文化圏と東アジアの漢字文化圏以外の文化圏の人々の伝統では、姓というものはないのである。そして本書での興味の対象であるアラブの名前にもまた、今も昔も姓はない。

『新約聖書』の『マタイによる福音書』の冒頭は以下である。「アブラハムの子であるダビデの子、イエス・キリストの系図。アブラハムはイサクの父であり、イサクはヤコブの父、ヤコブはユダとその兄弟たちとの父、ユダはタマルによるパレスとザラとの父、パレスはエスロンの父、エスロンはアラムの父、アラムはアミナダブの父、アミナダブはナアソンの父、ナアソンはサルモンの父、サルモンはラハブによるボアズの父、ボアズはルツによるオベデの父、オベデはエッサイの父、エッサイはダビデ王の父であった。［二十五代略］マタンはヤコブの父、ヤコブはマリヤの夫ヨセフの父であった。このマリヤからキリストといわれるイエスがお生まれになった」。

このようにイエスには姓はなく、姓の代わりに系図が紹介されている。冒頭の「アブラハムの子であるダビデ」とは、ダビデがアブラハムの息子であったという意味ではなく、ダビデはアブラハムの遠い子孫であったという意味で、「イエスがダビデの子」とあるのも同様である。「息子」と「子孫」は言葉のうえでは区別されずに同じ単語で表記される。この文の冒頭でいいたいのは、イエスはアブラハムの子孫でありまたダビデの子孫である、という系図の確認である。そして以下にアブラハムからイエスにいたる完全な父系の系図が述べられる。『マタイによる福音書』が書かれた時代、イエスに父はなく処女であるマリヤから生まれたという信仰が芽生えはじめていたので、マリヤの夫ヨセフとあいまいに書かれているが、イエスの父ヨセフがダビデ、あるいはアブラハムからの完全な系図をもつ人であることが、イエスを紹介するさいにさしあたってなによりも必要なことであった。系図の途中、「なになにによるなにの父」とあるのは、「某女による某の父」の意味で、当人の母の名を挙げるのである。母の名は気まぐれに挙げられるが、父系の固有名詞は一つとして欠かせないものなのだ。

『マタイによる福音書』をうんだシリアのユダヤ教徒の社会では伝統的に、特定の人物を知るさいにその系図が重要であった。『旧約聖書』にある多くの書は系図であふれている。それは「さて、ベニヤミンの人で、キシという名の裕福な人があった。キシはアビエルの子、アビエルはゼロルの子、ゼロルはベコラテの子、ベコラテはアピヤの子、アピヤはベニヤミンびとである。キシにはサウルという名の子があった」（『サムエル記・上』第九章）、という形式の系図もあり、また、「イスラエルの子らでエジプトへ行った者の名は次のとおりである。すなわちヤコブとその子らであるが、ヤコブの長子はルベン。ルベンの子らはハノク、パル、ヘヅロン、カルミ。シメオンの子らはエムエル、ヤミン、オハデ、ヤキン、ゾハル及びカナンの女の産んだ子シャウル。レビの子らはゲルション、云々」（『創世紀』第四六章）といった形式のものもあり、さまざまであるが、人はみな父系の系図をともなって登場し、また男系の子孫をのこした場合はそれが明記されている。「なになにびと」あるいは

「某の子ら」とあるのは「某の子孫たちすべて」の意味である。「息子」の複数形「息子たち」という意味の単語が同時に「子孫」の複数形の意味になる。

人物の特定に姓名ではなく名前と系図が使われるのは、実際のところ、ユダヤ教徒だけではなく、シリアの、あるいはよりひろく西アジアの文化の特色である。より正確には、セム系、と一般によばれる言語をもちいる人々の文化の特色、といってよい。そしてアラブとよばれる人々はまちがいなく、この伝統を受け継いだ人々であった。アラブの名は、本人の名、父の名、その父の名、またその父の名、と連ねていくのが基本である。名前がすなわち父系の系図なのである。ムハンマド・ハサン・フサインという人がいるとすれば、それはムハンマドがその人の名であり、ハサンはその人の父の名で、フサインは祖父の名ということだ。姓の代わりに、父と祖父の名が固有名詞の一部となる。われわれが、中東諸国に旅行するとき、入国カードに父や祖父の名を記入させられることがある。日本人のなかには、父の名はともあれ、祖父の名を忘れてしまった人がままいる。われわれの祖先に対する意識は、祖先の一人一人が個性をもった人物であることを前提にせず、ご先祖様と一括してしまいがちだ。アラブにとっては、一人一人が個性と固有名詞をもった祖先が、それぞれの固有名詞の一部なのである。現代では書類などに名前を書くときには、祖父の名あたりで系図を列挙するのをやめてしまうが、問われれば何代もさかのぼって祖先の名、すなわち自分の名前の一部をそらんじているのがアラブである。そして特別に系図に興味をもつ人なら、何十代もの系図をそらんじて、本書の興味の対象の時代である七世紀の人にまでさかのぼる。そして、これから述べるように、七世紀のアラブはみな、全人類共通の祖アダムにまでさかのぼる系図をもっていた。アラブとは、『聖書』に登場する人々と同様に、アダムにさかのぼる系図をもつ人々であり、祖先の系図が、われわれの姓に代わって、人の社会的立場を示す人々なのである。

現代のアラブは、ムハンマド・ハサン・フサインのように、自分と祖先の名を羅列してしまうが、七世紀、あるいはそれ以前や以後の歴史上の人物の名の記録は、「ビン（皇子）」という言葉を名前の間にはさむ。すなわちムハンマド・ビン・ハサン・ビン・フサインと表記される。イスラームの預言者ムハンマドの、古典的で権威あるとみなされているある著名な伝記の冒頭は、ムハンマドの名、すなわち彼の系図である。それによれば、アダムから数えて二十代目がアブラハムで、五十代目がムハンマドとなっている。ムハンマドから数えて十一代前の祖先の名をフィフル、字《あざな》をクライシュというが、ムハンマドの仲間の系図はしばしばそのクライシュまで紹介されて、それ以前の祖先の系図は省略される。クライシュからアダムまでの系図は、記録（伝承）の書き手にとっても読み手にとっても当然知っていなければならない知識であるがゆえに、省略されるのである。また、クライシュまでの系図も省略されて、ある人は、クライシュの子孫、バヌー（息子たち）・クライシュ、あるいはクライシュという名の形容詞形のクラシーと表現される。この場合も、記録の読み手がクライシュまでいたるその人の系図を知っていることが前提になっている。

ムハンマドの場合ならクライシュという祖先が、系図の表現上重要な位置をしめるが、クライシュの子孫ではない人物にとってもそれぞれクライシュと似た立場の祖先がいる。ムハンマドの同世代人のある人にとってはタミームという祖先が重要で、その人の系図を省略して紹介するときには、バヌー・タミームあるいはタミーミーと表現される。七世紀初頭前後の時代を伝える記録は、当時の社会を概観するという性格はなく、著しく個別具体的である。人は一人一人識別されて紹介される。多くの地域の歴史記録は、固有名詞をもった「ある殿様」と「その家来たち」のように、特定の個人とその他大勢という形式で人々の行動を記して、その他大勢の名を伝えない。七世紀前後のアラブ社会を伝える記録はその点で、歴史記録の例外をなしている。ムハンマドと何らかの形で関わりをもった人すべてが、記録すべき対象なのである。そして人の記録の基本は何よりもまず、その名、すなわち父系の系図なのであった。

「部族」の概念

十九世紀以来の西欧の学問は、「部族」という概念をつくってきた。人類の誕生以来、人間は群れて生活してきたに違いない。ある種の動物のように、一個体の単独での生活が基本であったわけではなさそうである。近代社会は、国家から地方自治体、会社やその他の組織、趣味のサークルなどさまざまなレベルの組織、すなわち群れの制度をつくっている。原初の人間の群れはどのようであったか。血縁にもとづく集団、それが基本ではなかったか。数十人、数百人レベルの群れで事足りていた時代も、数千人、数万人のレベルで社会をつくっていた時代も、血縁にもとづく集団が社会の基本であったろう。夫婦とその子女という基本的な集団である家族、三世代をふくむ大家族、互いに近親関係にあるいくつかの家族の集合体である拡大家族、数世代前の祖先を共通の祖先とみなす社会集団としての氏族、いくつもの氏族の連合体で伝説的な共通の祖先をもつ部族というふうに、連続的・重層的に血縁集団は存在した。西欧の学問は、そのような考えを一般化し、都市とか国家という組織がない社会は、上述の重層的な血縁集団によって成り立っていた、とみなした。そしてそのような社会を「部族」的な社会、すなわち「部族社会」とした。

「部族」の考えは、空想にもとづいていたのではない。アメリカの本来の住民、一般にアメリカインディアンとよばれている人々の社会の調査が、「部族」概念形成の一つの出発点であった。また、イギリス、フランス、ベルギーなど西欧諸国が植民地として支配した黒人アフリカ社会の調査も、「部族」の存在を明らかにした。これらの部族は、十九世紀、あるいは二十世紀初頭の世界にあって、いまだ都市や国家を形成していない人々のあいだにみられた社会組織なのであった。都市や国家を形成していない社会は、歴史をさかのぼればたくさんある。西欧の歴史家たちは、ポリス以前のギリシア社会、古代ゲルマン社会、スキタイなどの遊牧民社会に「部族」をみいだしていった。西欧の歴史学の影響を強く受けた日本の歴史家たちも、北アジアの遊牧民であった匈奴《きょうど》や突厥《とっけつ》などのあいだに「部族」を発見した。

「部族」は、歴史的にも現在でも現実にあった社会組織とみなされた。そしてアラブの社会こそ、典型的な「部族社会」とみなされたのである。アラブ社会は、アメリカの本来の住民やアフリカの黒人社会と同様に、あるいはそれ以上に、「部族」概念の形成に寄与した。そのアラブとは、イスラーム勃興前のアラビアのアラブであり、また、西欧の学者が調査した十九世紀末から二十世紀はじめのアラビアの遊牧民であり、また、フランスが支配したアルジェリアやモロッコのアラブであった。

西欧の学問は、社会は進化するもの、という前提に立っている。進化の最先端にいるのは、いうまでもなく都市を繁栄させ国家を築いた西欧そのものである。「部族社会」は、いまだ遅れた社会、と位置づけられる。近代西欧よりはるかに遅れた社会として、古代のポリス以前のギリシアやゲルマンの社会があり、近代の本来のアメリカ人やアフリカの黒人社会、そして古代から現代まで時代をとおしてのアラブの社会があった、ということになる。

都市を基盤とする近代国家では、個人は自立し、自立した個人が契約を結んで国家やその他の社会組織に参加する。それに対して「部族社会」では、人は生まれながらに所属する「部族」の枠に縛られ、そのなかでしか生きられない。個人ではなく部族が社会の基礎単位で、部族を離れた人には死の運命があるだけだ。部族のなかで、部族のために人は生きそして死んでいく。それが遅れた社会である「部族社会」なのだ。およそ以上のことがイメージされた。「部族」ないしは「部族社会」について、西欧のすべての知識人の考えが一致していたのではない。社会学、あるいは社会人類学とよばれる学問領域のなかでさまざまな論争があったし、いまもある。しかし、「部族」の存在を否定する意見はなく、また上記の「部族」のイメージを大きくこえるものはない。

本来のアメリカ人を隔離した植民者や、アフリカの黒人やアルジェリア・モロッコのアラブを統治する行政官は、「脱部族化」した人々を多数みつけた。それはあってはならないことであった。彼らには国家をつくる能力がない以上、「部族」を維持しなければならないのである。行政官は、「脱部族化」した人々を本来の「部族」に戻すべく努力した。しかし現在若干の研究者は、「部族」とは隔離したり統治しようとした人々がつくりだしたものではなかったかという疑いをもちはじめている。

メッカは「部族社会」か

七世紀初頭のアラブ社会は、それ以前からの伝統を受け継いで、典型的な「部族社会」である、とみなされてきた。そのアラブ社会の一部であるメッカの社会もまた「部族社会」でなければならない。当時のメッカ社会のありようを伝える伝承は、メッカは、多少変わったところはあるが、部族社会そのものであったことを伝えている、と理解されてきた。メッカの住民はバヌー・クライシュ、すなわちクライシュの子ら（子孫）とよばれる「部族」なのだ。多少変わったところとは、このクライシュ部族に部族長がいないことである。一般の理解では、部族にもいろいろあって、部族長がいて内部が階層に分かれている進んだ部族と、階層分化が未発達で部族長などの内部統治機構がない未開な部族とがある。そのような理解に立つと、当時のアラブ社会は、より進んだ部族社会であったはずで部族には当然部族長がいなくてはならなかった。ではなぜメッカの住民であるクライシュ部族には部族長はいないのか。現代西欧のイスラーム学を代表するある高名な学者はつぎのようにその問に答えた。アラブは元来は遊牧民で、遊牧民のあいだで部族社会はよく維持されていた。ところがメッカは定着民の社会で、しかもその民は国際商人として成功し、同時に民のあいだに貧富の差も生じていた。そこでは本来あるべき部族社会は崩壊しはじめ、別な社会への変化の過程にあった。部族を部族としてまとめる部族長は、もはや存在しえず、部族は十幾つかの氏族に分かれてしまっていた。氏族の長よりなる氏族長会議が部族全体のことを決めていたが、氏族のあいだにも有力な氏族と弱小な氏族の区別が生じ、有力氏族に属する大商人が市政を牛耳っていた。このような崩壊寸前の不安定な部族社会と、同時に進行していた部族社会に本来あるべきモラルの喪失が、イスラームという新たな社会運動とモラルの再建運動を生んだのであった。これは見事な説明であった。西欧の、そしてわが国の多くのイスラーム学者はこの説明を受け入れ、その結果これは現代のムスリムの学者を含めての共通理解、すなわち定説となった。

筆者がイスラーム史の研究をはじめてから二十五年が過ぎた。勤勉な学徒とは自覚していないし、また他人の評価も筆者を勤勉とはみなしてはいないようである。それでも二十五年もたつといわゆる歴史史料なるものはかなり目をとおしている。ムハンマドに関する、あるいは七世紀初頭のメッカ社会に関するムスリムの伝承は、丹念に読んできたつもりである。その全体量は膨大であるから、関連の伝承すべてを渉猟したなどと自慢はしないが。そして筆者が目をとおしたかぎり、メッカの氏族の長の存在を伝える伝承はない。またメッカで氏族長会議が開かれたことを伝える伝承もない。先の考えを提示した高名な学者も、その考えを支える伝承をあげていない。クライシュ部族は十幾つかの氏族に分かれ、それぞれの氏族はその長によって導かれ、氏族長会議がクライシュ部族全体のこと、すなわちメッカのことを決定していた、という定説は、根拠のない説なのである。伝承を素直に読むかぎり、クライシュ部族に部族長はなく、クライシュ部族を構成するとみなされるいくつもの氏族にも氏族長はない、ということになる。では、クライシュ部族は、長というものがない、したがって階層分化が進んでいない、より原始的な部族であったのだろうか。クライシュ部族の人々が国際商人であったとしたら、彼らの社会が進化の遅れた段階の部族社会であったのは不自然だ。われわれはどうやら、クライシュ部族を構成するとみなされてきた十幾つかの氏族について、より詳しい検討を必要としているようだ。

氏族の系図

先にあげた西欧の高名な学者が想定している十幾つかの氏族は以下である。預言者ムハンマドの十一代前の祖先はクライシュであった。バヌー・クライシュ（クライシュの子ら）という表現で示される人間集団、すなわちクライシュの子孫がクライシュ部族である。クライシュの子ガーリブがムハンマドの祖先となる。しかしバヌー・ガーリブという氏族はない。それはさらに細分化される。一方、クライシュの子でガーリブの兄弟にハーリスという男がいた。この男の子孫バヌー・ハーリスは氏族である。以上の関係を図に示せば次ページのごとくである（図①参照）。

さて、ガーリブの子ルアイイがムハンマドの祖である。ルアイイの子孫も細分化される。ルアイイの子カアブがムハンマドの祖で、その子孫は細分化される。カアブの兄弟アーミルの子孫は氏族となる（図②参照）。

カアブの子ムッラがムハンマドの祖で、その子孫は細分化される。ムッラの兄弟であるアディーの子孫は氏族となる。もう一人の兄弟フサイスの子孫は孫の代で二つに分かれ、二つの氏族となる（図③参照）。

ムッラの子キラーブがムハンマドの祖で、その子孫は細分化され、キラーブの兄弟タイムの子孫は氏族をなし、同じく兄弟のヤカザの子マフズームの子孫が氏族をなす（図④参照）。

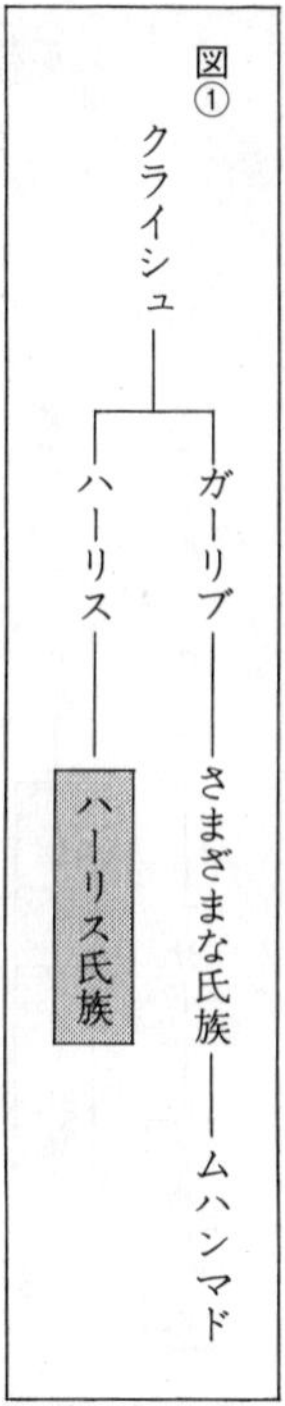
図①
クライシュ
ガーリブ
さまざまな氏族
ムハンマド
ハーリス
ハーリス氏族

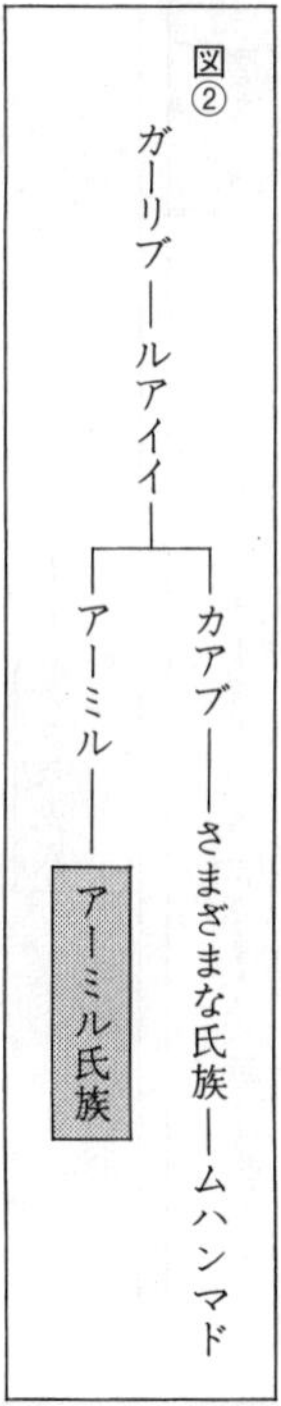
図②
ガーリブ
ルアイイ
カアブ
さまざまな氏族
ムハンマド
アーミル
アーミル氏族

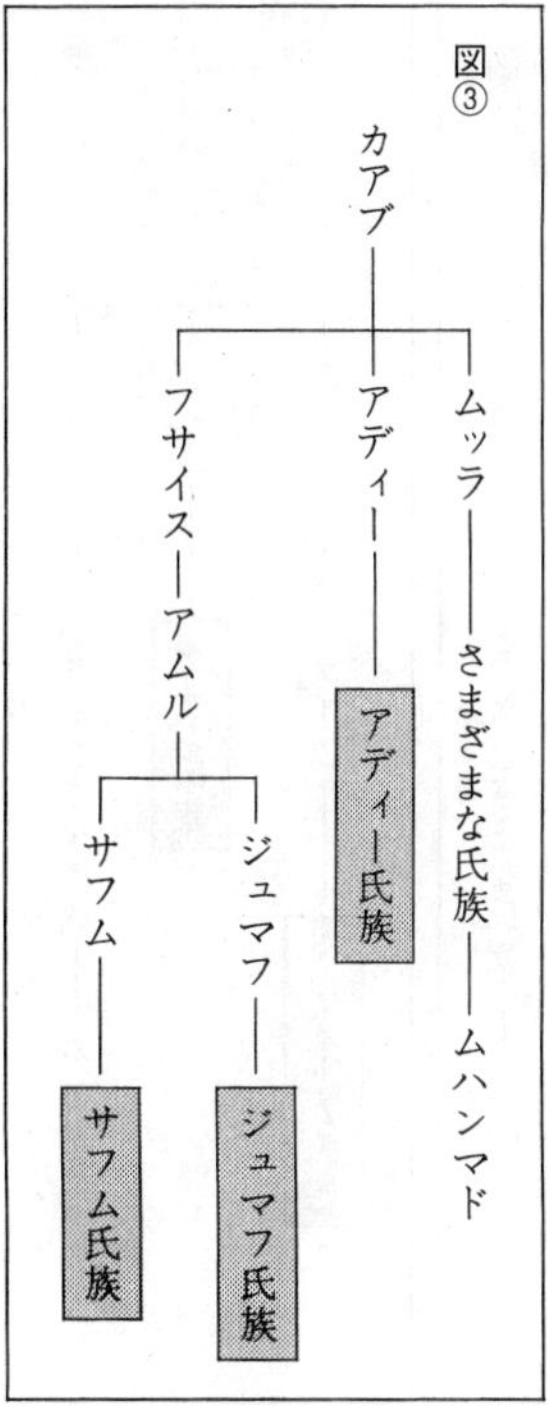
図③
カアブ
ムッラ
さまざまな氏族
ムハンマド
アディー
アディー氏族
フサイス
アムル
ジュマフ
ジュマフ氏族
サフム
サフム氏族

図④

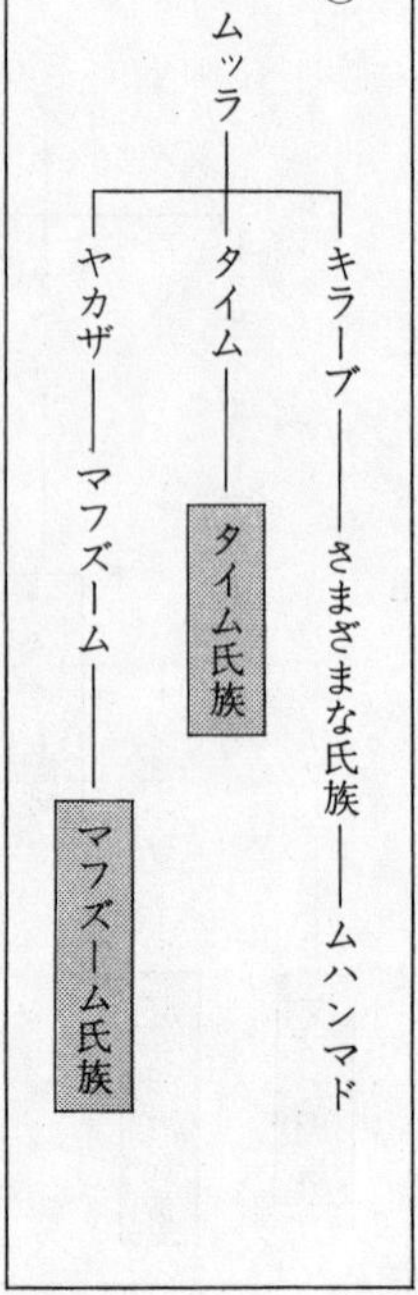
ムッラ
キラーブ
さまざまな氏族
ムハンマド
タイム
タイム氏族
ヤカザ
マフズーム
マフズーム氏族

図⑤

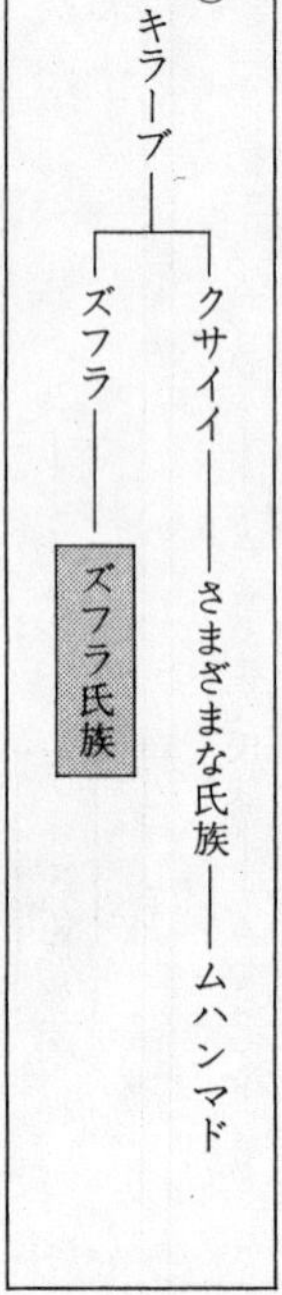
キラーブ
クサイイ
さまざまな氏族
ムハンマド
ズフラ
ズフラ氏族

図⑥

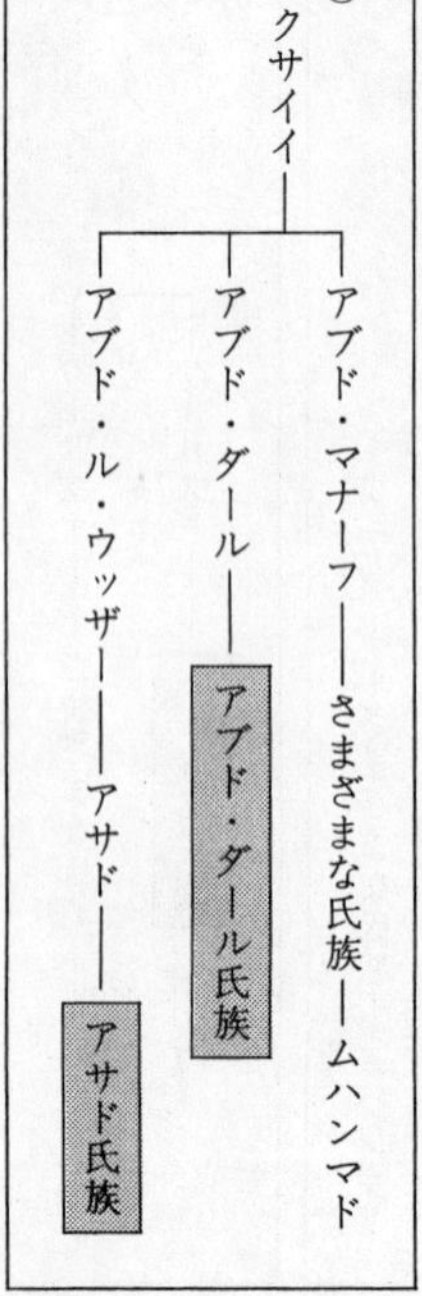
クサイイ
アブド・マナーフ
さまざまな氏族
ムハンマド
アブド・ダール
アブド・ダール氏族
アブド・ル・ウッザー
アサド
アサド氏族

キラーブの子クサイイがムハンマドの祖で、その子孫は細分化される。クサイイの兄弟ズフラの子孫は氏族をなす（図⑤参照）。

クサイイの子アブド・マナーフはムハンマドの祖で、その兄弟アブド・ダールの子孫は氏族をなす。また、アブド・ル・ウッザーの子アサドの子孫は氏族をなす（図⑥参照）。

アブド・マナーフの四人の子は、それぞれ氏族の祖となる（図⑦参照）。

以上の十四の氏族が、高名な学者がメッカ社会の基礎単位とみなした氏族である。われわれが史料として扱う伝承には、バヌー・某という表現で氏族とみなされる名前をあげる。ある人を紹介するときに、彼はバヌー・アブド・シャムスの人だ、としたりする例である。ま

図⑦

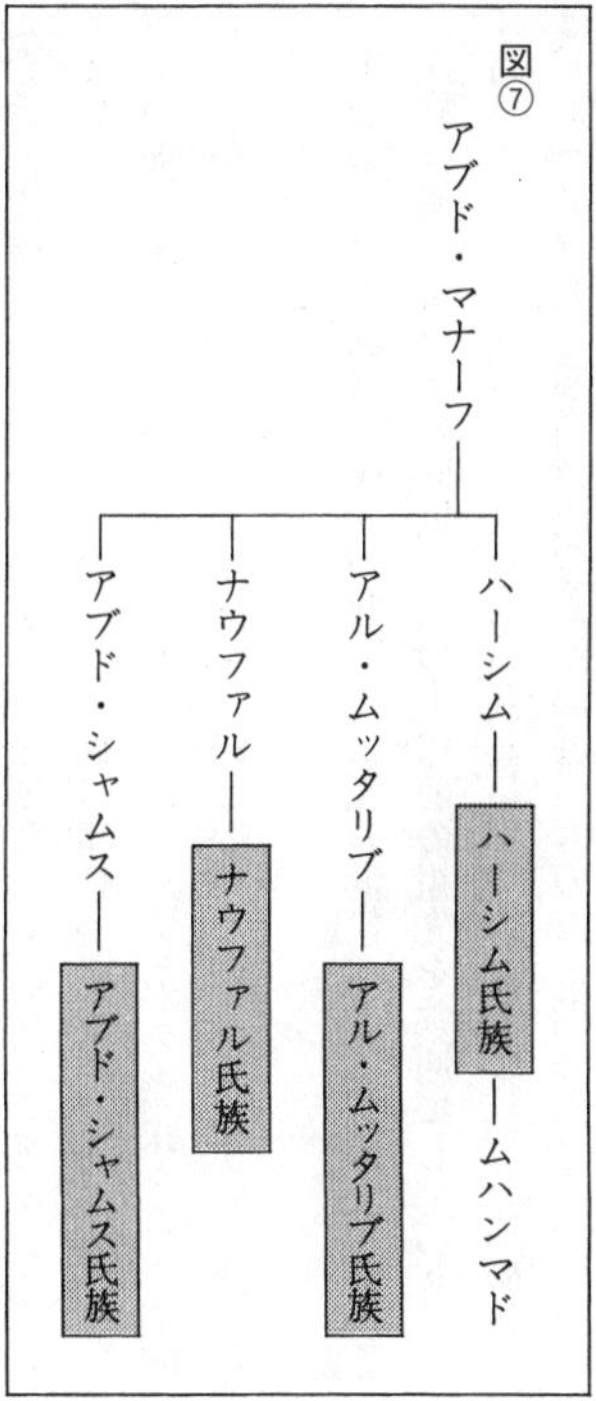

た会合の出席者や戦いの参加者を列挙するさい、伝承の多くは上記の氏族ごとに名前をまとめている。ムハンマドの場合なら、彼は常にバヌー・ハーシムの人とされる。そのような伝承での扱いから、この十四のグループは、何らかの意味をもつ集団であることは間違いない。しかしこれらが、クライシュ部族というものを構成する十四の氏族とみなすには、不審なことが多すぎる。

上記の一連の表は、氏族の共通の祖先の世代がさまざまであることを示している。ハーリス氏族はムハンマドの同世代人の十代前の祖先を共通にしている。一方ムハンマド自身が属するハーシム氏族は、ムハンマドの曾祖父（三代前）が共通の祖である。そして上記の表は、ムハンマドと系図の位置関係が近いものほど細分化され、系図の位置関係が遠いものほど大雑把なグルーピングであることも示している。この事実は、ムハンマドが所属するバヌー・ハーシムやその兄弟集団と、図①や②のバヌー・ハーリスやバヌー・アーミルとはかならずしも同じ性格の集団ではないかもしれない、という推定を導く。

預言者ムハンマドはたしかに、バヌー・ハーシムの人であった。そのことはさまざまな伝承に繰り返し語られている。われわれはそのことを疑う必要はない。しかし、さまざまな伝承はまた別なことも伝えている。あるときムハンマドが人から馬鹿にされた。それを聞いたバヌー・アブド・ル・ムッタリブの女たちは怒った、とある伝承は伝える。アブド・ル・ムッタリブとはムハンマドの祖父の名である。バヌー・アブド・ル・ムッタリブとは、ムハンマドの従兄弟たちとその子供と孫たちをさしている。ムハンマドは、ムハンマドの曾祖父ハーシムの子孫とみなされるグループの一員であり、同時にそのなかの一小グループの一員であって当然なのだ。

ムハンマドの好敵手にアブー・ジャフルなる男がいた。彼は、図④のバヌー・マフズームの一人である。彼はムハンマドに対するライバル意識をむき出しにして次のように言ったと、ある伝承は伝える。「われわれマフズームの子孫とアブド・マナーフの子孫は、名誉を競っているのだ。彼らが巡礼者に食物を給すればわれわれもそうする。彼らが他人の商品に安全保障を与えれば、われわれもそうする。彼らが寛大にふるまえばわれわれもそうする。われわれは競走馬のように競っているのさ。それなのに何だ。彼らがいうには『われわれのなかから預言者がでて、神の啓示を受けている』だと。われわれからはそのような人物はでていない。そうであるからには、神かけて、ムハンマドなどを信じない。信じるものか」。アブド・マナーフとは、ムハンマドの四代前の祖でハーシムの父のことである。ムハンマドのライバル、アブー・ジャフルがここで問題にしているのは図⑦の四つの氏族をひっくるめた集団で、その共通の祖先アブド・マナーフとマフズームは同世代人である。つまり、図④のバヌー・マフズームに対抗する概念は、バヌー・ハーシムではなく、もう一まわり大きな集団概念であったことをこの伝承は示しているのである。

当時のメッカに、あるいは全アラブ社会にと言ってもよいが、「保護」という社会慣習があった。ある人物が公衆の面前である特定の人を保護すると宣言する。それだけのことであるが、被保護者をだれかが攻撃したとすれば保護者をも攻撃したことを意味し、それなりに社会的な意味があった。保護の関係については本書でも繰り返し述べることになる。それはともあれ、預言者ムハンマドはある時期からメッカで嫌われ者になった。暴力をもふるわれかねない情勢であった。そこでムハンマドはある男に保護を頼んだ。その男は図②のバヌー・アーミルの人である。その男は言ったという。「われわれバヌー・アーミルの人間は、バヌー・カアブの人間には保護を与えないことになっている」、と。ムハンマドはここでは、アーミルの兄弟の子孫たちからなる集団の一員として位置づけられるのである。アーミルとカアブの父ルアイイの子孫は二つの集団に分かれて互いに対立している、という意識がこの伝承から読み取れる。アーミルの子孫からみれば、カアブの子孫はさまざまな氏族に分かれているのではなく、一つなのだ。

ムハンマドはやがてアラビア最大の権力者になる。図②のルアイイにはもう一人の子がいた。名をムッラという。そのムッラの子孫のあるものはメッカを離れて別な場所で生活していた。彼らが権力者となっていたムハンマドのもとに来て言った。「われわれはバヌー・ルアイイの一員であって、あなたの仲間である」。ここでは先のバヌー・アーミルもバヌー・カアブもひっくるめてバヌー・ルアイイなのである。われわれは都合のよい伝承をもたないのであるが、図①のバヌー・ハーリスに属する人からみれば、ムハンマドはバヌー・ハーシムの人ではなくバヌー・ガーリブの人なのであろう。

　ムハンマドという一個人を例にとれば、彼は十一代前の祖クライシュを共通の祖とする集団バヌー・クライシュの一員で、さらに九代前のルアイイを共通の祖とするバヌー・ルアイイの一員で、八代前のカアブを祖とするバヌー・カアブの一員で、という具合に代々の祖先を共通の祖とする重層的なバヌー・某の構成員なのである。彼が属する最小の単位は祖父を共通の祖とするバヌー・アブド・ル・ムッタリブである。彼の父はアブド・アッラーという者が、バヌー・アブド・アッラーという集団は伝承にみえない。アブド・アッラーには子供がムハンマドしかいなかったのである。アブド・アッラーの子孫はムハンマドとその子と孫しかいないことになる。バヌー・アブド・アッラーはバヌー・ムハンマドと同じであり、そのような表現は無意味、ということになる。

　ムハンマド以外のメッカの住民にとっても、バヌー・某は同じ存在であったろう。人は、上記の図①〜⑦で四角で囲んだ、高名な学者が氏族ととらえたバヌー・某にのみ属していたのではなく、代々の祖先を共通の祖とする重層的ないくつものバヌー・某に属していたのだ。バヌー・某とは、社会生活を営むための単位ではなく、人の系図上の位置づけを示す単位と考えるべきものなのである。とすれば、ある高名な学者が氏族ととらえ、その結果世界のすべてのイスラーム研究者が氏族と考えている先の十四の集団は、メッカ社会の基礎単位となる氏族ではないはずだ。そこに氏族長がいなくても不思議ではない。では、この十四のバヌー・某が伝承のなかで頻出するのはなぜなのか。伝承は、ムハンマドの系図をすべての読み手が承知していることを前提としている。伝承で、メッカの人を紹介するとき、当然その系図をまず紹介するわけだが、ムハンマドの系図と重なる世代までの祖先を紹介すれば事足りるはずだ。ムハンマドの系図と十代前に分かれてしまった人は、十代前ハーリスまでの系図を紹介しなければならない。系図の整理上、バヌー・ハーリスという表現が伝承に頻出するゆえんである。ムハンマドの系図と三代前の祖先から分かれた人は、四代前以上の祖先の系図は伝承の読み手に不必要となる。ムハンマドの曾祖父の兄弟を共通の祖とするバヌー・アブド・シャムスやバヌー・ナウファルなどが伝承に頻出するゆえんである。十四のバヌー・某は、メッカの人を特定するさいに伝承学者たちが採用した共通の単位、ということなのである。このレベルで整理しておけば、伝承の書き手と読み手の双方に、バヌー・クライシュの人に関するかぎり混乱はない、といつしか判断され固定化していったものなのだ。図③のフサイスやアムル、図④のヤカザなどの名前が無視されその子が共通の祖としてバヌー・某が表現されるのは、メッカの過去の歴史が反映されているのだが、そのことは後に述べよう。

アラブには姓というものがない。その代わりに父系の系図がある。伝承はつねに個別具体的で、人は特定されなければならない。伝承に人が登場するとき、その系図が示される必要がある。しかし、いつでもアダムにまでさかのぼる完全な系図を紹介するわけにはいかない。伝承の読み手ならだれでも知っている整理上の単位があれば都合がよい。それが十四のバヌー・某なのであった。それを「氏族」と誤解し、「部族」には長はいないが、氏族に長がいなくては「部族社会」にならないと勝手に考えたのが、ある西欧の高名な学者であった、ということになる。クライシュ部族にまとまりがなく、十幾つかの氏族も幻であるなら、メッカが「部族社会」であったことも疑問となってくる。

クライシュの子孫ではない人々

いまや、メッカがクライシュ「部族」の町であったのかどうか疑わしくなってしまった。しかし、七世紀初頭のメッカの住民の多くはバヌー・クライシュ、すなわちクライシュという過去の人物の子孫と自覚していたことは間違いない。ただし、住民の多くは、であってその全員ではない。当時のメッカにクライシュという人物の子孫ではない人々もまた多数いた。われわれは、当時のメッカの戸籍簿をもっているわけではない。しかし伝承という形でいくつかの名簿をもっている。ムハンマドは預言者としてメッカで活動し、やがてそこを追われてしまう。メディナに移ったムハンマドとその仲間は、メッカの住民、すなわち自分たちの親・兄弟・親類・縁者に戦いを売った。その最初の戦いをバドルの戦いというが、その時のムハンマド軍は総勢三百名余でその全員の人名リストがある。ここからメディナの人を除き、メッカからムハンマドの指示にしたがってメディナに移った人は八十八名である。ムハンマドは十余年にわたってメッカでイスラームを説いてきたが、イスラームを真剣に受け入れ、ムハンマドと行動をともにした人はこの程度であったということだ。その八十八名のうちクライシュの子孫は四十六名である。のこりはリストでマワーリーと整理されている人が九名、ハリーフと整理されている人三十二名である。彼ら計四十一名はクライシュの子孫ではない。命をかけて自分たちの親・兄弟とも戦ったメッカのムスリム八十八名の構成は、メッカの総人口の忠実な反映ではないかもしれない。しかし、メッカのムスリムの四割強がクライシュの子孫ではない、という事実は注目しておいてよい。

バドルの戦いをメッカの人々は六百名余で戦った。その参戦者リストは残念ながらのこっていない。ムスリムの伝承は、敵についての情報までは網羅していないのである。しかし、その六百名余のうち七十名余が戦死した。戦いはムハンマド軍の勝利で、戦場にのこされた死体はムスリムが確認した。また六十名余が捕虜となった。彼らもムスリムがあずかり、賠償金と引き換えた。メッカ軍の戦死者と捕虜、計百三十三名の人名リストはある。そのうちの八十七名がクライシュの子孫で、マワーリーは六名、ハリーフは三十八名である。およそ三割がクライシュの子孫ではない、ということだ。この六百名余は、ムハンマドがメッカの隊商を襲おうとしているとの情報をえて、とりあえず大急ぎでメッカを出発して隊商の防衛にあたろうとした人々であった。ここでのクライシュの子孫のパーセンテージも、メッカの人口構成の正確な反映ではないかもしれない。しかし、ムスリムの四割、とりあえず急ごしらえで編成された軍の構成員の三割がクライシュの子孫ではなかったという事実は、メッカの住民のかなりの部分がクライシュの子孫ではなかったことを意味していよう。

われわれは、前掲のリストにあるマワーリーとかハリーフとよばれる人々の性格を知らなくてはならなくなった。彼らはクライシュ部族に従属している民である、という理解が一般的である。しかしいまや、クライシュ「部族」という概念はあやしくなっている。では彼らの一人一人は、クライシュの子孫の個々の人の従属民であっただろうか。つまりマワーリーとかハリーフは、「部族」に従属している集団なのか、「部族」に従属している個人なのか、あるいは個人に従属している個人か、ということが明らかにされなければならない。そしてあるいは、一般に理解されていることとは違って、彼らはべつに従属しているわけではないかもしれない。

人名リストとはさいわいに系図のリストでもある。われわれはマワーリーとかハリーフとかと整理されている人の系図を知ることができる。そして彼らのすべてがクライシュの子孫ではないことが確認できるのである。ムハンマドと戦い、死んだ、あるいは捕虜となったマワーリーやハリーフに関する人物の情報は、多くの場合、人名、すなわち系図でおしまいである。しかし伝承は、ムハンマド軍に参戦した人物についてはより詳しい情報を伝えている。それらの情報からわれわれはマワーリーとかハリーフとして整理されている人々の性格を知ることができる。彼らは元来はメッカの住民であった。それゆえ、彼らの性格は、ムハンマドに敵対したマワーリーやハリーフと同一のものと推定して間違いないだろう。

マワーリー

バドルの戦いにムハンマドの仲間として参戦した、元来はメッカのマワーリーのすべては、かつては奴隷であった。マワーリーとはかつて奴隷であって解放された人、解放奴隷である。この時代のアラビアにはたしかに奴隷はいた。『旧約聖書』の時代、あるいは『新約聖書』の時代とその点では変わりはない。そしてモーセやイエスと同様にムハンマドも奴隷という存在を否定しようとはしない。ムハンマドはむしろ、神に対する人間の立場を、主に対する奴隷とみなしていた。神の奴隷、アブド・アッラーはムスリムにもっとも多い人名の一つである。神はまた慈悲深きもの、ラフマーンのような九十九の美称をもつとされるが、それぞれの美称でよばれる存在の奴隷、アブド・ル・ラフマーンなどもまた好まれる名前である。しかし当時のアラビアは、古代のある時期のアテナイやスパルタのように、あるいは十七、八世紀のアメリカ南部のように、奴隷が社会の生産過程の不可欠の部分で、かつ奴隷が徹底的に差別されていた社会とはことなる。奴隷は、アラビアも含む中東社会の古代からの慣習として、存在し、またつい最近まで存在した。それだけの話である。

ムハンマドの晩年には、メディナのムスリムは豊かになった。彼らのなかに女奴隷が多くなった。『コーラン』でムハンマドはムスリムが所有する女奴隷について「汝らの右手に所有するもの」という表現で、妻と同様汝らが自由にしてよいものとしてしばしば言及する。今も昔も、ムスリムの男にとって結婚とは大変物入りの行事である。なにしろ花嫁に大量の金品を贈らなくてはならない。そこでムハンマドはいう。

「汝らのうち信仰ある（自由人の）女をめとる資金のないものは、汝らの右手が所有する信仰ある女をめとれ」（四章二五節）と。あるいはいう。「気に入った女を二人、三人、四人とめとるがよい。しかしもしも公平に扱えないと思うなら、一人だけをめとるか、あるいは汝らの右手に所有するものをめとれ」（四章三節）と。しかし、このような女奴隷についての『コーラン』の文言はメディナ時代に限られ、メッカのムスリムは女奴隷を楽しむような余裕はなかったらしい。メッカの女奴隷、あるいは女奴隷が産んだ子供たちに関する伝承はきわめて乏しい。『コーラン』のメッカ時代の文言で奴隷がでてくるのは、解放の対象としてのそれで、ラカバという単語が当てられる。奴隷を解放し、窮乏の日々に人々に食物をあたえ、縁者の孤児や貧者を養うことが信仰の証しであった（九〇章）。メディナ時代になると不信仰のつぐないや殺人などの罪のあがないとして奴隷を解放することが勧められるが、メッカ時代にあっては本人がムスリムで主人が不信者である奴隷の解放は、ムハンマドやその仲間がしなければならないことであった。ムハンマドや金にゆとりのあるムスリムは、虐げられているムスリム奴隷を買って解放している。ムスリムの絶対数が少ないのと比例してムスリム奴隷の数も多くはない。ムハンマドにより三人、アブー・バクルというのちに初代のカリフとなる人物が二人、二代目カリフとなるウマルが一人、他の三人がそれぞれ一人ずつ、計九人がバドルの戦いに参戦したムスリムである解放奴隷であった。

経歴がのこされているムスリムではないマワーリーも若干いるが、彼らもすべて解放奴隷である。マワーリーとは、解放した人に従属する解放奴隷と考えて間違いない。クライシュ部族全体に従属する、あるいはクライシュ部族を構成する何らかの集団に従属する奴隷集団、といったものは見当たらない。奴隷は個々ばらばらにその主人に属し、解放されてからもなかなか自立できずにいた。しかしわれわれは、かつて奴隷であってもマワーリーとはよばれていない人物を知っている。ムハンマドの養子ザイドがその一人である。彼は奴隷としてムハンマドの妻ハディージャの叔母に買われ、婚礼の祝いとしてムハンマド夫妻にプレゼントされ、夫妻によって解放されて養子となった。ほかに二人のムスリムであるもと奴隷がいるが、二人とも解放主の「家族の一員」となり、あるいは解放主と「ともに生活」している。この三人のもと奴隷は、奴隷であったことが経歴で明示されているが、もと奴隷主で解放主である家族の一員と、社会的にもみなされ、本人もそのような意識をもって行動していたのであろう。とすれば、マワーリーとは、解放奴隷であって、しかもそうであるがゆえに何らかの社会的な差別を受けていた存在、とみなすことができよう。われわれは、「部族」とか「氏族」という集団に従属する奴隷、ないしは解放奴隷ではなく、メッカの自由人の個々に従属する奴隷や解放奴隷が、太古よりつい最近にいたるまでの中東社会の常として、七世紀初頭のメッカにもいたことを確認しておきたい。

ハリーフ

メッカのムスリムの、バドルの戦いの参戦者の場合でも、メッカ軍の戦死者と捕虜の場合でも、マワーリーの数はそう多くはない。ハリーフとよばれる人々の存在がより重要である。ハリーフは、一般には、「同盟者」と訳されている。メッカの場合なら、クライシュの子孫と同盟関係を結んだ人である。われわれは、バドルの戦いにムハンマドの仲間として参戦したハリーフの人名録をもっている。そこから、彼らの経歴をみてみよう。

あるハリーフの父親は、クライシュの子孫でズフラ（図⑤）の子孫である人物とハリーフの関係を結んだ（同盟した）。彼の母はズフラの子孫であった、とある。このハリーフの父親は、いかなる事情があったかわからないがともかくメッカに来てクライシュのある男と同盟し、その一族の女と結婚した。その二人のあいだの子供が当のハリーフで、ムスリムとなり、メディナに移り、バドルの戦いに参戦したのである。

別なハリーフは、ズフラの子孫である男のハリーフとなり、後者は前者を養子とした。ここでは、ハリーフは娘婿ではなく養子となったのである。

また別なハリーフの父親はメッカに来て、ズフラの子孫とハリーフの関係を結んだ。後者は前者に娘を嫁し、その娘が当のハリーフを産んだ。

あるハリーフの父は、その兄弟二人とともにもう一人の兄（弟）を探しにメッカに来て、二人の兄弟は帰ったが本人はメッカに留まり、マフズームの子孫（図④）の一人とハリーフの関係を結んだ。後者は前者に奴隷女を与え、その奴隷女が当のハリーフを産んだ。あるハリーフは、サラアというところからメッカに来て、アブー・バクル（のちに初代カリフとなる人物）とハリーフの関係を結んだ。

ざっと以上が、バドルの参戦者のハリーフの経歴である。ここでのハリーフは、クライシュ「部族」と同盟している他「部族」ではなく、クライシュの子孫の個々の人と「同盟」した個人ないしはその子孫なのである。われわれは、バドルの参戦者以外にもハリーフとなった経緯がわかる若干の例をもっている。そこでもハリーフの関係は個人と個人の関係である。伝承はしばしば、バヌー・ハーシムのような集団のハリーフである某、あるいはバヌー・某、といった例をあげる。クライシュの子孫のなかのある集団に、個人のハリーフなりハリーフの集団が属しているかのようである。しかしこの場合も、個人と個人の関係から出発したものが数世代継続していることを意味しているか、あるいは個人の名をあえて記す必要がない場面であるにすぎない。メッカに来てハリーフとなった男がメッカの女と結婚し、その子供たちがメッカに定着してさらに子孫を殖やせば、孫やひ孫の代では、ハリーフとは集団と集団の関係になってしまって不思議ではない。

メッカで結ばれたハリーフの関係に関する情報で興味深いものがある。ある長老がメッカに来たという。メッカの人々は競って彼に、メッカに留まり、メッカの人と婚姻関係を結ぶように勧めた。しばらく猶予をもらったその長老は、ある日決心して、これから出会う最初のクライシュの子孫とハリーフの関係を結ぶことにした。そして最初に出会った人の手を取ってカーバ神殿に行き、二人はそこでハリーフの関係を結んだ、というのである。ハリーフとは、メッカの住民であるクライシュの子孫が主体となって相手を選ぶだけではなく、メッカ外部の人が主体となる場合もあったことになる。

ハリーフは、初代はともかく、二代目、三代目の人は、メッカ生まれのメッカ育ち、ということになる。その母はメッカのクライシュの子孫である場合も多い。彼らは、クライシュの子孫とまったく対等な立場の人、と想定できる。われわれは、メッカの人々の政治行動で、ハリーフが指導的立場をとった例をいくつか知っている。ハリーフがまた、他人をハリーフとしてメッカに迎えた例も知っている。ハリーフとは結局のところ、メッカにいるクライシュの男系の子孫以外の人をさす用語なのである。メッカのクライシュの人は、メッカ以外の地でも結婚している。クライシュの子孫は、メッカ以外にもいる。預言者ムハンマドの祖父、アブド・ル・ムッタリブもそのような人であった。彼は、メッカの人ハーシムとメディナの女とのあいだの子で、メディナの母のもとで生まれ、そこで育っている。ハーシムは、メディナではハリーフで、その子であるムハンマドの祖父は、生まれながらのハリーフであったことになる。アブド・ル・ムッタリブはのちにメッカに来て、活躍することになるが、われわれは彼のような例を何人か知っている。

とある町なり、村落なり、砂漠の遊牧民の集落なりを訪れそこにある程度の期間留まるか、あるいは短期間であっても繰り返し訪ねるとすれば、そこの住民のだれかと訪問者はハリーフの関係を結ぶことになる。訪問者がそこに留まるなり、定期的に訪ねることになれば、そこの女と仲良くなって不思議ではない。その結果子供が生まれる。子供の名前は父系の系図である。ハリーフの名前がその子の名前の一部となり、子供もハリーフとして扱われる。これがハリーフであるなら、ハリーフとはメッカに限られた存在ではないはずである。事実、われわれはメディナ社会に、あるいはその他の社会についての伝承のなかに、少なからぬハリーフをみいだす。ハリーフとは、特定の祖先の子孫が集まって居住している集落、それを「部族」の、あるいは「氏族」の集落などと概念を規定する必要はないが、ともあれそのような集落にいるその祖先を共有しない、すなわち別な系図＝名前をもつ人のことなのである。それは、一時的な訪問者、定期的な訪問者、娘婿となって定着した人、ハリーフの子供や子孫でその集落で生まれ育った人などさまざまな立場の人々である。したがってハリーフとは、「部族」に従属する人ではない。また、ハリーフの関係を結んだ個々の相手に従属しているわけでもない。たんに系図が、すなわち名前が、その集落の多数派とことなるだけの人である。メッカの場合、クライシュの子孫ではないそのような人々が、人口の三分の一程度はいた、ということになる。彼らのなかには金持ちもいれば、指導者もいる。差別された人々ではなかった。

個人の社会

メッカ社会は、バヌー・クライシュ、すなわちクライシュの子孫と自覚する人々が多く住む町であった。彼らは、ムハンマドにとっては十一代前の祖先に当たるクライシュにいたる系図をよく心得、系図にもとづく重層的でさまざまな仲間意識、対抗意識をもっていた。しかしそこにクライシュ「部族」という組織があったわけではなかった。また、十幾つかの固定された「氏族」があったわけでもない。さらに、メッカは、クライシュの子孫によって排他的に独占されていたわけではなかった。他の系図をもつ人がそこに入り込み定着した。また、クライシュの子孫はメッカだけに住んでいたわけでもなかった。後に述べるように、彼らはアラビアのあちこちにでかける商人であった。すなわち、アラビアのあちこちに仲の良い女がいる人であった。したがってアラビアのあちこちに彼らの子、すなわちクライシュの子孫はいたのである。われわれは、このように、メッカ社会とバヌー・クライシュを理解することができる。それは、従来漠然と考えられてきた「部族社会」ではない。社会を構成する個々の人が、重層的な系図意識にもとづく仲間意識や対抗意識をもっていたが、同時に個々のレベルで奴隷や解放奴隷をもち、他人とハリーフの関係を結び、結婚した。社会行動・政治行動の基礎は、集団ではなく個人にあった。「隣人の保護」という保護関係も、当時のメッカに、あるいはアラビアにあったが、それも個人と個人の関係である。商品を携えてメッカに来る商人に、その生命と財産の安全を保障する制度があったが、それも個人のレベルの行動であった。またメッカの商人は、メッカをはなれれば個人のレベルで他人から生命・財産の保障をえていた。系図意識はたしかにあったが、だからといって個人がそこに埋没していたわけではなく、また系図意識が社会的・政治的行動の基礎となるような固定された集団を形成していたのではない、ということなのだ。

「部族社会」ではなく、個人にもとづく人間関係が中心であったメッカ社会は、当時のアラビアでは例外であったのだろうか。どうもそうではないらしい。当時のアラブは、伝承でその名前が紹介されるさい、バヌー・某の一員として紹介される。それは、「某部族」の人、と理解されてきた。ムハンマドは、メディナに移ってから、軍事・外交の両面でメッカ・メディナ以外の集団と接触を重ねてきた。伝承としてのこされているムハンマドを中心とする軍事行動は八十回をこえるが、そのうちおよそ半数がメディナ周辺にいた集団に対する軍事遠征である。その対象となった集団は、「部族」のイメージから程遠い。ムハンマドの百におよぶ外交文書が伝承としてのこされているが、文書を与えた相手も「部族」ではない。当時のアラビアには何千人、何万人規模でまとまっている「部族」があったわけではなさそうだ。伝承は、ムハンマドの軍事行動の対象や外交文書の交付先は、はるかに小さな集団であったことを伝えている。その具体的な内容の一々は不明であるが、「氏族」であったわけでもなさそうである。筆者はかつてバヌー・ガタファーン（一般にガタファーン部族とよばれる集団）を分析したが、そこでの結論は、ムハンマドが相手をした集団は、とりあえず一緒にいる人々、あるいは「日常生活をともにしている人々」とでもよんでおくにふさわしい集団であった。

メディナ時代のムハンマドは戦いを繰り返し、ときには敗戦もあったが、おおむね勝利を得てきた。戦いに勝てば戦利品が手にはいる。ムハンマドにとって最初の大規模な勝利、すなわち最初に大量の戦利品を手にいれたのはバドルの戦いであった。その直後に神はムハンマドに次の啓示を下した。「汝らのえた戦利品はいかなるものでも、その五分の一は神のもの、神の使徒のもの、（神の使徒の）近親者・貧者・旅人のものであることを知れ」（八章四一節）。戦利品は、戦いに参加した人がそれぞれ勝手に奪い、自分のものにするのではなく、全部まとめてからムハンマドがその五分の一をとり、あとは全員で平等に分配せよ、という啓示である。かりに三百人が参加した戦いなら、ムハンマドは他人の六十倍はもらってもよい、ということになる。ムハンマドのこの五分の一の権利に関するムスリム知識人や西欧のイスラーム研究者の理解では、「部族長」が戦利品の四分の一をとっていたという当時のアラブ社会にあった慣行にそってこの啓示が下された、とする。そしてある研究者は、この時期のムハンマドはまだ伝統的な「部族長」に匹敵する権威が認められていなかったため、四分の一ではなく五分の一でがまんした、などともっともらしく説く。「部族間」の戦闘で得た戦利品の四分の一は「部族長」のものであったとすれば、当時のアラブ社会に「部族」がなくてはならず、それぞれの「部族」にその「長」がいなくてはならない。

筆者は、この「部族長」の「四分の一」なる権利が幻であったことを、あるとき論証した。幻は幻ではなく、根拠のあるものとみなされていた。しかし、その根拠なるものは、ある定期市で紛争が生じたさい、市の管理にあたっている特定のグループが、没収した金品の四分の一をとる権利がある、との主張なのであって、戦争のさいの戦利品の四分の一とは何の関係もない伝承なのである。『コーラン』八章四一節に関する伝承を集めた古い伝承集にも「部族長の四分の一」に関するものはない。かなり時代がたってからの『コーラン』注釈書やアラビア語の辞書に、誤って先の伝承がひかれる。初期の伝承家の頭のなかには、ムハンマドの五分の一の権利に関して「部族長の四分の一の権利」と結びつける考えはなかったが、ある時期からそのような考えがムスリム知識人のなかにおきて定着し、それを近代西欧のイスラーム学者も受け継いだ、ということになる。真実は、当時のアラブ社会に「部族長の四分の一」なる権利はなく、したがって、「部族」やその「長」が当時のアラブ社会になくても差し支えないことになるわけだ。

われわれは、七世紀初頭のメッカ社会と、その背景にあるアラビアのアラブ社会を「部族社会」とはみなさない。人々は、自分の名前の一部としての系図につよい関心をもっていた。その関心が、重層的な仲間意識と対抗意識をつくっていた。しかしだからといって、人々が系図におうじた血縁集団をつくり、人が生まれながらにして所属する「部族」なり「氏族」のなかで生き、そこを離れたら生活が成り立たないような社会をつくっていたのではなかったのである。人々は、個人のレベルで社会的・政治的行動をおこない、その行動に個人のレベルで責任をとっていた。われわれは、当時のメッカなり、アラビアの社会を観察するときには、「部族」レベルではなく個人レベルで観察しなくてはならない。とはいえ、人間は一人一人が単独で生きていく動物ではなく、群れて生活する動物であるから、個人はさまざまなレベルの集団をつくる。われわれは、「部族社会」などと単純に、図式的に当時のメッカ社会をわりきるのではなく、当時の人々の行動原理を別な視角から追究しなければならない。

三　メッカのはじまり

カーバ神殿

現在のメッカの地にいつから人間が住み着き、集落を形成したのかはわからない。アラビア半島を南北に貫く隊商貿易のための幹線路に位置していたのではないことは述べた。幹線路といっても、舗装された一本の道路ではなく、ラクダを中心とした隊商が行き来する漠然とした「みち」なのだが、メッカはその「みち」から外れていて、隊商のための主要な宿駅ではなかった、と思われる。いくつかの記録からわれわれは、南アラビアの王朝がその隊商貿易のために「みち」に沿って宿駅を設けていたことを知っている。しかしメッカの起源がそのような宿駅にある可能性は低い。

イスラームの伝承は、メッカの古い住民はジュルフム族という南アラブ系の人々であったと伝えている。彼らは南アラビアを出て各地を放浪し、メッカに住み着いたという。隊商貿易を組織する商人として、とは伝承はいわない。そして彼らはそこにすでにあったカーバ神殿の管理者となった、という。紀元後二世紀に書かれたプトレマイオスの地図にあるマコラバとは、かならずしもメッカとは限らない、と先に述べた。マコラバとは「神殿」を意味する南アラビア語のなまりである。神殿はアラビアのあちこちに多数あったがゆえに、マコラバはメッカでなくてどこでもよいのだが、メッカもまた神殿を中心とする古くからの集落であった可能性は高い。カーバとよばれるその神殿はアラビアのどこにでもあるような神殿の一つで、とくに注目を集めることはなかった。カーバは南アラビア系の神殿であったのかもしれない。あるいは、一部の人が主張するようにゾロアスター教の神殿であったかもしれない。あるいはそのどちらでもなく、北アラブ系の神殿であったかもしれない。いずれであったにせよ、それはアラビアを代表するような神殿ではなく、メッカがアラビアを代表するような宗教センターであったわけではなかった。ではその神殿はいつ建てられたのか。現在巨大都市であり、またムスリムにとっての最大の聖地であるメッカで、考古学的調査をおこなうのは不可能である。われわれが科学的と信じる方法でカーバの起源、おそらくそれは同時にメッカの起源であるが、それを知ることはできない。

イスラームの伝承は、メッカが世界の中心でありつづけたことを前提にしている。ある時代以後のイスラーム世界では、アダムに関する伝説が整理され、彼の生涯はメッカと深く結びつけられた。天国を追放されたアダムは、メッカ郊外のアラファートあるいはムズダリファ（ともにムスリムの巡礼の儀式がおこなわれる場所）でエバと再会した、という。アダムとエバは多くの子をメッカで産み、カーバ神殿を建立し、郊外のアブー・クバイス山のふもとに埋葬された。カーバ神殿はその後、ノアの時代にあった大洪水で流されてしまったが、カーバ神殿にいまでも嵌め込まれている聖なる黒石は神によってアブー・クバイス山に保管された。アブラハムの時代になると、彼とその子イシマエルがカーバ神殿を再建し、聖なる黒石を山からおろしてまた嵌め込んだ、という。『旧約聖書』によれば、またある時代からのイスラーム世界での常識によれば、アダムははじめの人間で、全人類の共通の祖であり、ノアはアダムの十代のちの子孫で、アブラハムはアダムの二十代、ノアの十代のちの子孫である。天地が創造され、アダムが創られて地上におろされたときから、メッカは世界の中心であり、アブラハムの時代からあらためてまた世界の中心になった、というわけである。

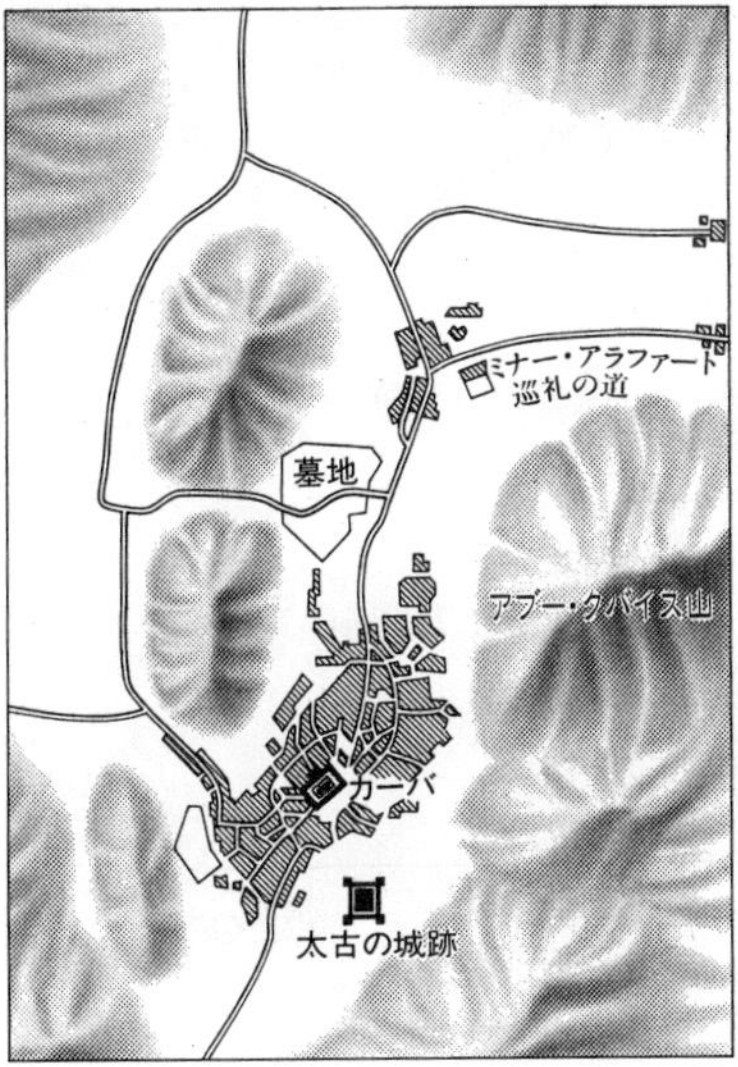

メッカ市街図

『コーラン』でみるかぎり、ムハンマドはアダムがはじめの人間であることは知っていた。二章三〇節以下では、つぎの話が語られている。神が地上に代理者をおこう、すなわち人間であるアダムをそれにあてようと天使たちにいったとき、天使たち

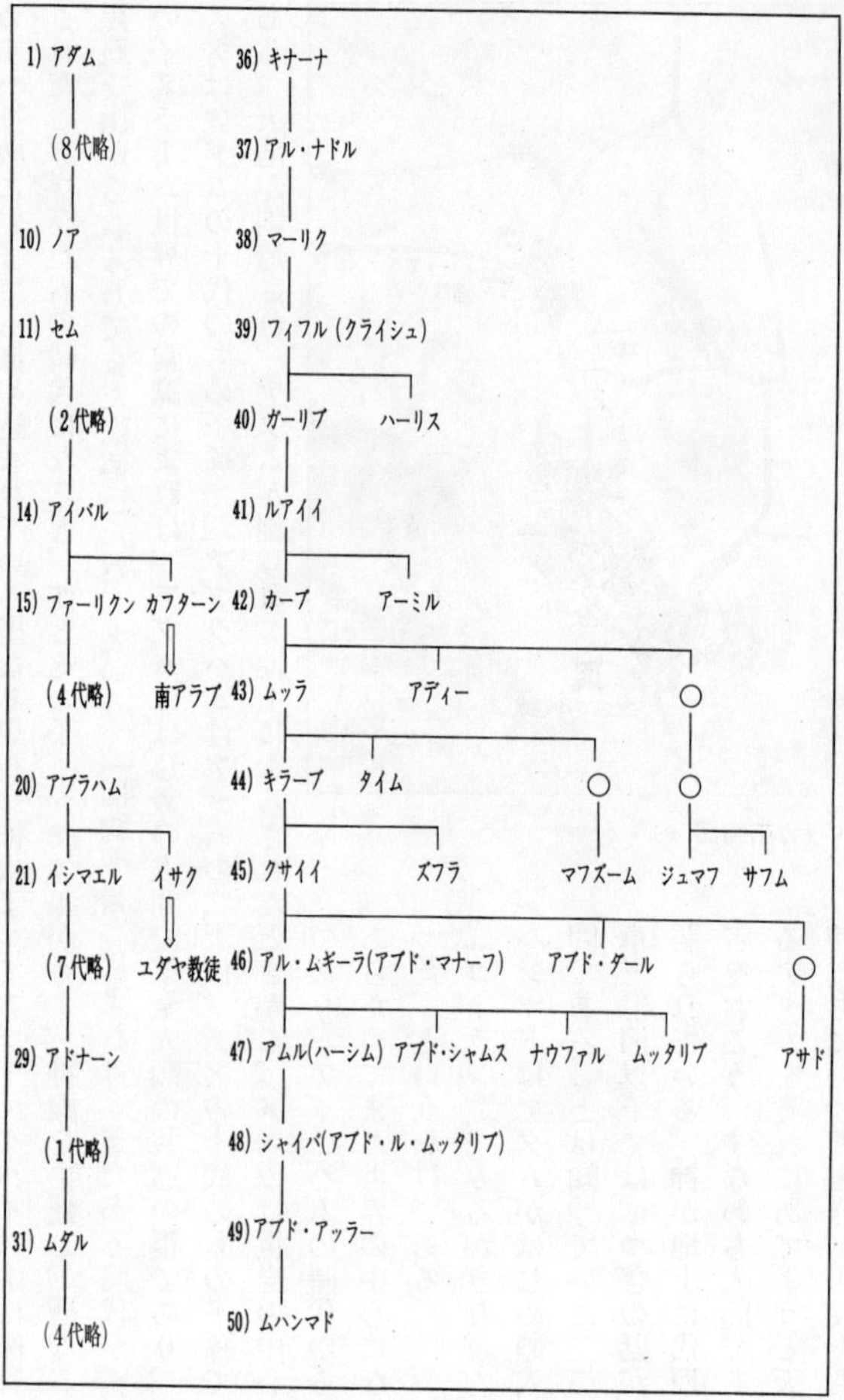
1) アダム
(8代略)
10) ノア
11) セム
(2代略)
14) アイバル
15) ファーリクン
カフターン
(4代略)
南アラブ
20) アブラハム
21) イシマエル
イサク
(7代略)
ユダヤ教徒
29) アドナーン
(1代略)
31) ムダル
(4代略)
36) キナーナ
37) アル・ナドル
38) マーリク
39) フィフル(クライシュ)
40) ガーリブ
ハーリス
41) ルアイイ
42) カーブ
アーミル
43) ムッラ
アディー
44) キラーブ
タイム
45) クサイイ
ズフラ
マフズーム
ジュマフ
サフム
46) アル・ムギーラ(アブド・マナーフ)
アブド・ダール
47) アムル(ハーシム)
アブド・シャムス
ナウファル
ムッタリブ
アサド
48) シャイバ(アブド・ル・ムッタリブ)
49) アブド・アッラー
50) ムハンマド

は反対した。わたしたちが神をあがめたたえているのにどうして「害をなし血を流すものを地上におくのか」と。神はアダムにすべてのものの名前を教え、それを天使たちに知らせるよう命じた。天使たちは自分たちが知らないことをアダムが知っていることに驚き、神の偉大さをおそれた。神は天使たちにアダムに跪拝《きはい》するよう命じ、みながそうしたが悪魔（イブリース）だけはそれをせず、不信者になった。神はアダムに、楽園に住んで好きなように暮らしてよいが、けっしてこの木に近づいてはならない、といった。ところが悪魔（シャイターン）がアダムを唆《そそのか》し、アダムは神によって地上におとされた、というのである。悪魔がなぜアダムに跪拝《きはい》しなかったかは、つぎの悪魔の言葉で説明される。「私は彼より優れている。あなたさま（神）は私を火で創られたが、彼を泥で創られた」（七章一二節）。ムハンマドの認識では、アダムは泥から創られ、楽園から追放された人間なのである。しかし、『コーラン』にみるかぎり、アダムとメッカとを結びつけるものは何もない。アダムとメッカとの関係は、ムハンマドの死後にイスラームのなかに持ち込まれたものであろう。

不思議なことに『コーラン』には、メッカという言葉は一度として登場しない。カーバはたんに「館」（al-bayt）とあるが、四四章九六節ではそれはバッカ（Bakka）にあるという。「人々のために最初に設けられた館はバッカのそれであり、それはすべての人々への祝福であり導きである」。なぜメッカではなくバッカなのか、さまざまに説明されるが本当のところは永遠の謎である。ともあれバッカには館がある。そしてそれは、『コーラン』ではアブラハムと関連づけられている。アブラハムをアラビア語ではイブラーヒームという。こんにちでもアラブの固有名詞にいくらでもある名前である。無数のイブラーヒームがいたわけだし、また現在もいるわけだが、歴史上（伝説上）の特定のイブラーヒームを、『旧約聖書』の日本語訳によってアブラハムと表記しておこう。先の文言につづく九七節では、「その中には明白な徽《しるし》すなわちアブラハムの立ちどころがある」という。徽（āya）とは、神の意志・力などがそれとわかる形をとることで、一般に『コーラン』の文言自体が徽であるし、この場合は「アブラハムの立ちどころ」もまたそうなのである。その「アブラハムの立ちどころ」とは、カーバ神殿のすぐそばにある石のことで、その表面にアブラハムの足跡があるという。かつてアブラハムがここで礼拝した跡だと信じられている。このような「アブラハムの立ちどころ」は神の意志の徽である、というのである。『コーラン』二章一二五節〜一二七節でも「館」とアブラハムが関連づけられている。一二五節では、「われら（神）が館を人々のための集会所とし、また安全地帯としたとき」とあり、神が館の性格を規定したことになっているが、館そのものは一二七節に、「アブラハムとイシマエルが館の基礎をすえたとき」とあるようにこの二人が建立したのである。また、現在のムスリムがおこなっているカーバの周りを左回りに七回まわる行事（タワーフ）などをするように神が命じたのもこの二人にであった。

アブラハムとメッカ

カーバ神殿を建立し、それにまつわる宗教儀礼をはじめておこなったのは、『コーラン』ではアダムではなくアブラハムなのである。『コーラン』でみるかぎりメッカの歴史はアブラハムからはじまる。いま、『旧約聖書』の『創世記』から、アブラハムとその子イシマエルの伝記を抜粋してみよう（一一章～二四章）。もっともアブラハムの本来の名はアブラムである。

アブラムの父はテラである。テラは、一族をひきいてカルデヤのウルを出てハランに着いてそこに住み、二百五歳のときそこで死んだ。主はアブラムに、国を出て、親族に別れ、父の家を離れ、わたしが示す地に行きなさい、と言った。アブラムは、七十五歳のとき妻サライと、弟の子ロトと、集めたすべての財産と、ハランで獲た人々とを携えてハランを出て、カナンに向かった。カナンで主はアブラムに現われて言われた。「わたしはあなたの子孫にこの地を与えます」。アブラムは、ネゲブを経てエジプトに行き、またネゲブを経てカナンに戻った。そこでロトはアブラムと別れ、ソドムとゴモラのある低地へ去った。

「アブラムの妻サライは子を産まなかった。彼女にひとりのつかえめがあった。エジプトの女で名をハガルといった。サライはアブラムに言った、『主はわたしに子をお授けになりません。どうぞ、わたしのつかえめの所におはいりください。彼女によってわたしは子をもつことになるでしょう』」。そこでアブラムはハガルを妻とし、ハガルは子をはらんだ。サライは彼女を苦しめ、彼女はサライを避けて逃げた。「ハガルはアブラムに男の子を産んだ。アブラムはハガルが産んだ子の名をイシマエルと名づけた。ハガルがイシマエルをアブラムに産んだ時、アブラムは八十六歳であった」。

アブラムが九十九歳のとき、主は彼の名をアブラハムとし、妻サライの名をサラとした。またそのとき主は、アブラハムとその子孫の男子はみな割礼を受けなければならない、とさだめた。そこでアブラハムとイシマエル、またその家に生まれたものも、銀で異邦人から買い取ったものもみな前の皮に割礼を受けた。そのときサラは九十歳であったが主はいわれた。「わたしは彼女を祝福し、また彼女によって、あなたにひとりの男の子を授けよう」。アブラハムとサラは年老いた二人に子供ができるはずがないと笑った。しかし神は諭し、やがて「サラはみごもり、神がアブラハムに告げられた時になって、年老いたアブラハムに男の子を産んだ」。アブラハムはその子をイサクと名づけた。「サラはエジプトの女ハガルのアブラハムに産んだ子が、自分の子イサクと遊ぶのを見て、アブラハムに言った、『このはしためとその子を追い出してください。このはしための子はわたしの子イサクと共に、世継ぎとなるべき者ではありません』。この事で、アブラハムはその子のために非常に心配した」。神はアブラハムに「はしための子もあなたの子ですから、これをも、一つの国民とします」と約束した。そして「神はわらべ（イシマエル）と共にいまし、わらべは成長した。彼は荒野に住んで弓を射る者となった。彼はパランの荒野に住んだ。母は彼のためにエジプトの国から妻を迎えた」。サラが産んだイサクの子孫がやがてイスラエルの十二部族をつくり「イスラエル人」となっていくわけだが、イシマエルの子も十二人いて『旧約聖書』の諸編でアラブとみなされる人々の祖先となっている。

さて、『コーラン』によれば、このアブラハムとその子イシマエルがメッカのカーバの「館の基礎をすえた」のである。イスラームの伝承の半ばは『コーラン』の文言を説明するためにある、といってよい。多くの伝承によれば、アブラハムはその妻ハガルとその子イシマエルとともにメッカに来て、イシマエルを神の犠牲として捧げるべく準備をしていたとき、神はイシマエルの代わりに犠牲の動物を捧げるよう命じたのである。『創世紀』では、「彼らが神の示された場所にきたとき、アブラハムはそこに祭壇を築き、たきぎを並べ、その子イサクを縛って祭壇のたきぎの上に載せた。そしてアブラハムが手を差し伸べ、刃物を執ってその子を殺そうとした時、主の使が天から彼を呼んで言った」（第二二章）のであるが、イスラームの伝承ではそれは、アブラハムがその子イシマエルをメッカで犠牲として殺そうとしたとき、神の使いがアブラハムを呼んで代わりの犠牲でよいといった、ということになる。イスラームの伝承では系図もまた重要な位置をしめる。そのような系図のうえでは、アラブは北アラブと南アラブに分かれるとすでに述べたが、アブラハムとその子イシマエルはすべての北アラブの共通の祖先である。南アラブは、イスラームの伝統的な系図学のうえでは、アブラハムには繋がらない系図の保持者である。アブラハムとは、南アラブを除外した北アラブだけの祖先であり、また、七世紀にあってはすべてのユダヤ教徒とキリスト教徒とを意味していた「イスラエル人」の祖先でもある。またその子イシマエルは、イスラエル人をも除外して北アラブだけの共通の祖先である。この二人がカーバ神殿の建設者であったとする『コーラン』と伝承の主張は微妙なニュアンスを含んでいる。

メッカを棄ててメディナに移ったムハンマドは、そこでユダヤ教徒と激しく論争した。多くのユダヤ教徒はムハンマドを預言者とは認めない。ユダヤ教徒は、『聖書』やタルムードにもとづくさまざまな宗教儀礼を実践していたが、ムハンマドのそれに関する知識は乏しい。ユダヤ教徒はそのことをあざ笑った。このようなユダヤ教徒に対するムハンマドの反論は明快であった。『創世記』などの『聖書』の冒頭の五書は一般に『モーセ五書』とよばれ、ムハンマドはそれらはモーセに下された神の啓示であると理解していた。そのことは当時のユダヤ教徒の理解でもあったらしい。ユダヤ教徒の儀礼は主として『モーセ五書』によっている。ではアブラハムはどうか。彼はモーセの祖先であって、彼の時代には『モーセ五書』はなかった。当然彼は『モーセ五書』にもとづく儀礼、すなわちユダヤ教の儀礼を知らない。しかし彼が神を信じる信徒であったことは、『聖書』を知る人なら否定できない事実である。アブラハムは、ユダヤ教徒の祖先であり、神の信徒ではあっても、ユダヤ教の儀礼を知らないし、それを実践したはずがない。ムハンマドがユダヤ教の儀礼を知らなくてもよいのである。ユダヤ教徒は、アブラハムの子イサクの子孫であって、子孫のひとりモーセに下された啓示にもとづいた儀礼をまもっているにすぎない。アブラハムのもうひとりの子イシマエルはまったく別な儀礼を実践していた。そのことは神が彼らの子孫であるムハンマドに直接教えてくれたのである。アブラハムとイシマエルが実践した儀礼こそ、その子孫であるムハンマドが実践すべき儀礼なのだ。彼の主張はおよそ以上であった。ムハンマドは、アブラハムとイシマエルのゆかりの地メッカで生まれた預言者なのであった。

ムハンマドにとってメッカは、アブラハムとイシマエルのゆかりの地であらねばならなかったのだが、このことが当時のメッカの人々の、あるいはより広くアラビアの人々の共通理解であったかどうかは疑わしい。メッカはアブラハムにはじまると信じていた人がイスラーム以前のアラビアに広範にいたとは考えられない。ムハンマドの創作、とまではいいきれないが、少数者の信念でしかなかったろう。メッカの人々は、先に述べたように、メッカの古い住民は南アラブ系のジュルフム族であった、とする伝承を保持していた。イスラームの伝承は、カーバの基礎をすえたのはアブラハムであるとする『コーラン』の文言と、メッカの人々が保持していたジュルフム族が古い住民であったとする伝承を調和させた。カーバの最初の管理人はイシマエルであり、その死後その子ナービトが神が望み給うた期間それを管理した。ナービトの母はジュルフムの女で、その父ムダードの協力をえてナービトはその任に当たっていた、というのである。やがてイシマエルの子孫はメッカの地に満ちてそこに納まりきれなくなり、メッカを出てアラビアの各地に四散した、という。しかし、ジュルフム族はメッカに留まるのである。アブラハムの子イシマエルの子孫は、いずれにせよメッカからはいなくなる。のちに整理された系図学の立場でいえば、アブラハムはアダムの二十代のちの世代で、ムハンマドは五十代のちの世代である。かりに一世代を三十年と計算すれば、ジュルフム族がメッカに来たアブラハムやイシマエルの時代はムハンマドの時代より九百年ほど昔、紀元前三〇〇年ごろのこととなる。『旧約聖書』に登場するダビデやソロモンは紀元前九〇〇年代の人で、アブラハムは彼らのはるか昔の祖先であるから彼の時代は紀元前二千年期のことになる。しかしメッカの伝承が伝えるジュルフム族は、そんなに昔の人々ではなさそうである。おそらくはムハンマドの時代から二、三百年ほどさかのぼった時代のことであろう。彼らのメッカへの移住とアブラハムやイシマエルとを結びつけるのは、いささか無理である。

ジュルフム族のメッカ追放

カーバ神殿の基礎がアブラハムとイシマエルによってすえられた、とするのは『コーラン』での理解であって、ムハンマドの同時代の人々の共通理解ではなかったろう。同時代のメッカの人々にとって、想像もできないほど古い時代からカーバはあったのである。そして彼らが伝え聞いて知っているもっとも古いメッカの住民は、南アラビアから移住してきたというジュルフム族とよばれる人々であった。彼らはカトゥーラーア族とともにメッカに来て、ともにそこに定着した。やがて両者のあいだに争いが起こり、戦い、ジュルフム族はカトゥーラーア族をメッカから追放した。メッカの支配権を掌握したジュルフム族は、禁じられた行為を平気でおこない、メッカに来る人々に不利益を与えた。そこでメッカ周辺の住民であったキナーナ族とフザーア族の人々の一部がジュルフム族に戦いを宣言して、戦い、彼らをメッカから追放した。以上がジュルフム族に関する伝承の大要である。

ジュルフム族をメッカから追放した後は、フザーア族のアムルという人物が「館」を管理し、以後彼の子孫が五代、その権利を受け継いだ、と伝承は語る。その後でクライシュ族がメッカに定着するのだが、ジュルフム族がメッカを追放されたのは、クライシュ族がメッカに定着するより、人の世代にして五代前、というわけである。クライシュ族がメッカに定着したのは、ムハンマドの五世代前の祖クサイイの時代であるから、ムハンマドより十世代前あたりまで、メッカはジュルフム族が支配していた、ということになる。イスラーム以前の時代に関するイスラームの伝承は、年代を数字で語ることはなく、人の世代で語る。人の名は系図でもあるわけだから、系図にある祖先の行動を語ることは、歴史を語ることにもなるわけだ。系図は、世代をさかのぼればさかのぼるほど後世の誤解や作為がはいる。人の世代にしてムハンマドの十世代前のメッカは云々、という表現は、最大限十世代前、という意味で理解しておいてよい。ムハンマドの時代のメッカの人々は、十世代前のメッカには彼らとはまったくことなる人々がいた、と理解していたのである。

ムハンマドの時代以後に伝わるジュルフム族に関する情報はきわめて少ない。おそらくはムハンマドの同世代人も多くを伝え聞いてはいなかったのであろう。ムハンマドから十世代前の時代を四世紀前後のことと仮定すれば、この時代は人々が南アラビアから波状的に北方へと移住していた時代であった。ジュルフム族も、何らかの理由で故郷を棄て、移住を試みた集団であったろう。ユダヤ教やキリスト教といった一神教が南アラビアに浸透しはじめた時期だが、彼らはそれに影響された気配はない。彼らがメッカを追放されてからは、彼らに関する情報はほとんどない。ジュルフム族の人と名乗る人物がいたという記録も皆無ではないが、きわめて少ない。われわれは、ムハンマドの時代のメッカの人々が記憶するもっとも古いメッカの住民として、南アラビアから移住してきたという集団があった、という程度でメッカの歴史を理解しておこう。

フザーア族とキナーナ族

カーバ神殿は、今日では、長さ約十二メートル、奥行約十メートル、高さ約十五メートルの、かなりの規模の建造物である。人類がかつて建造したものを世界的規模で眺めてみれば、それはけっして巨大なものとはいえないが、さりとてみすぼらしいものではない。今日の建物は十七世紀の改修を経たものであるが、規模はそれ以前とは変わっていない。七世紀の末にカーバはいちど拡張されたが、その直後にそれは破壊され、またもとの規模に建て直された、と伝えられている。要するに、今日の建物は、基本的にはムハンマドの時代の建物と同じ規模のものなのである。しかしムハンマドの青年時代、すなわち六世紀の末であるが、そのときのカーバは、屋根もなく、高さは人の背丈ほどであった、という。それが火事で焼け落ちたので、若きムハンマドも参加して、当時のメッカの住民が今日見られる規模の建物を建てた、と伝承は伝える。それから数百年前の時代のカーバはどのようなものであったか、それを伝える信頼するに足る伝承はない。どのようなものであったにせよ、それは「館（al-bayt）」であったことは確かである。「館」には入り口があり、入り口には鍵がかかっている。その鍵を預かること、それがカーバの管理者の具体的な仕事である。ジュルフム族のメッカ追放後は、その鍵を預かる役をフザーア族のアムルという人物が果たし、その子、その孫と五代にわたってその役がある家系に相続された、と伝承は伝えるのである。

われわれが注意しなければいけないのは、カーバの鍵を管理する権利は、フザーア族とい
う集団にあるのではなく、ある特定の人物にあることである。フザーア族、すなわちフザーアという過去の人物の子孫とみずからみなし、また他人からもみなされる人々は多数である。ジュルフム族のように小さな集団ではなく、人数だけからみれば巨大な集団である。しかし「フザーアの子孫」は、その総体がまとまりのある集団を形成していたのではない。当時のアラブはみな、北アラブ系か南アラブ系のどちらかに属していたことになっているが、フザーア族に関してはそれすらも不確かである。彼らはみずからフザーアという過去の人物

の子孫であると主張し、また他人もそうみなしていたに違いないが、誇るべき祖先をもたなかったようだ。彼らはフザーア族としてまとまることはなく、ばらばらに、他の系図をもつ人々と混じりあって生活していた。フザーア族とは、要するに、「部族」ではないのだ。彼らの一部は遊牧民であったろう。また一部は小さなオアシスの農民であったろう。遊牧民であれ農民であれ、彼らはアラビアの民の常として小商いをする商人でもあり、戦士でもあったろう。そしてそのようなフザーアの子孫の一部が、キナーナの子孫の一部と組んでメッカのジュルフム族と戦い、彼らをメッカから追放して、メッカに居着いたのである。メッカはフザーア族の都市になったのではなく、あるいはフザーア族のなかのある氏族の都市になったのではなく、数千人、あるいは数万人はいるであろうフザーアの子孫の一部と、同規模のキナーナの子孫の一部やその他の人々が雑居する集落となったのである。そして住民のうちの一人がカーバの鍵を預かった。

イスラームの時代、カーバの鍵を預かることは名誉あることであった。現在ではサウディアラビアの国王が預かっている。毎年の巡礼のときが来ると、国王かその代理人は鍵でカーバの入り口の扉を開け、特別な巡礼者をそのなかに案内する。全世界のイスラーム教徒を代表しておこなう神聖にして荘厳な儀式の主宰者に、鍵の預かり手がなる。第一次世界大戦までは、「メッカの保護者」を自称していたオスマン帝国の皇帝が鍵の預かり手であった。皇帝の宮殿がそのまま博物館となったイスタンブルのトプカプ・サライ博物館には、歴代の皇帝がもっていたカーバの鍵が展示されている。オスマン皇帝がイスラーム世界の覇者であったことの象徴として。全世界のイスラーム教徒は毎日五回カーバに向かって礼拝する。毎年の巡礼月には、数百万人の敬虔なイスラーム教徒がカーバに巡礼する。そのカーバの鍵のもつ意味は、金銭に換算できるものではなく、イスラーム世界の中心に位置する者の象徴としてかぎりなく大きい。イスラーム時代はそうであるが、イスラーム以前の時代にあっては、カーバの鍵はどのような意味をもっていたのだろうか。イスラームの伝承が主張するように、カーバがアブラハムとイシマエルによって建立され、カーバのあるメッカが世界の中心であったのなら、カーバの鍵のもつ意味はイスラームの時代と同様に大きなものであったろう。しかし、アブラハムとイシマエルの話やメッカが世界の中心であったとする考えはイスラーム以前にあってはごく少数者の主張で、カーバはアラビアにいくつもあった神殿の一つにすぎないとしたら、事情はことなる。

今日のムスリムの巡礼はカーバだけがその対象ではない。イスラームの暦で毎年の十二月が巡礼月で、その月の七日までに巡礼者はメッカについて、カーバの周りを七回まわるという儀式をおこなう。その後カーバのすぐそばにあるサファーとマルワという名の小高い丘のあいだを七回駆け足で往復する。その夜か翌日の朝に巡礼者は郊外のアラファートというところまででかけて、そこに留まる。その後、ムズダリファという場所を経てミナーの谷にいたり、そこで犠牲の動物をほふる。三日間にわたる巡礼の儀式は、メッカ、アラファート、ムズダリファそしてミナーという四ヵ所で儀式をおこなって完了する。これは、ムハンマドが七世紀におこなった儀礼の毎年の繰り返しであるという。そしてムハンマドは、自分がなした儀礼はアブラハム以来の伝統を踏まえたものと自覚していた。伝承は、ジュルフム族がメッカを支配していた時代は、なされるべき儀礼がなされていなかった、という。フザーア族とキナーナ族がメッカにいた時代の巡礼の儀礼は、おそらくはムハンマドが実践したものと大差がなかった、と想像される。巡礼者の数はムハンマドの時代とはくらべものにならないほど少なかったであろうが。注意すべきことは、巡礼者にとってメッカのカーバは、儀礼の一部のためのものでしかなかったことである。

カーバを巡る儀式の主宰者は、おそらくはフザーア族のアムルの家系のものが五代にわたって代々つとめた。しかし、アラファートにいったん留まった巡礼者に出発の合図をするという行為は、スーファとよばれる特別の人がおこない、その地位はある家系のものが代々受け継いだ、と伝承は語る。その家系の初代はガウスという名の男で、フザーア族でもキナーナ族でもないまったく別な北アラブ系の家系なのだが、その母がジュルフム族の女で、彼女の神への誓いの結果その地位をガウスは獲得したという。そしてアラファートからの出発の合図をするという権利を、彼の子孫のうちから代々一人ずつが受け継ぎ、ジュルフム族をメッカから追放したフザーア族やキナーナ族の人々はそれを承認したようだ。さらにムズダリファからの出発を巡礼者に告げる権利は、アドワーンという人物の子孫のうちから代々一人ずつが受け継いでいた、とも伝承は伝える。メッカへの巡礼者は、それぞれ祖先から権利を受け継いだ三人の人物に導かれて、巡礼の儀式を遂行していたことになる。

メッカの巡礼は、「ハラム」という観念をともなっていた。「ハラム」は一般に「神聖」と訳されているが、正確には「禁じられた」という意味で、具体的には殺人・傷害が「禁じられる」のである。アラブ社会では、親・兄弟・親類縁者の敵《かたき》に出会えば敵を討つのが義務であり、権利であるのだが、「ハラム」の範囲ではそれが「禁じられる」のである。メッカの周囲はそのような「ハラム」の地であった。そこでは武器をとっての傷害ざたは禁じられている。もっともジュルフム族を追放するために戦いがあったのだから、適宜禁じられていたにすぎないのだが。「ハラム」の観念は空間だけではなく時間にもあった。毎年、十、十一、十二月と、通常は翌一月が「ハラム」の期間なのだが、場合によっては一月は「自由」な月で、かわって二月が「禁じられ」る。「自由」な月とは、その期間敵に出会えば自由に殺してよいことを意味する。「ハラム」が一月か二月かの決定は、巡礼の儀礼がすべて終わった日に、特定の人物がおこなう。それは、キナーナ族のある家系の人が代々一人ずつで受け継いでいたという。もし彼の決定がすべてのアラブを規制したなら、メッカへの巡礼は当時のアラビアにあってとても重要なことであったろう。しかしこれもどうも、巡礼に来た人々だけを拘束する規則でしかなかったようだ。

メッカは、イスラーム以前の時代にあってはアラビアに数多くあった聖地のうちの一つにすぎなかったろう。それでも聖地であるからには、巡礼者はいた。けっして多くはなかった巡礼者を導く権利、あるいは、カーバの鍵を預かる権利は、いかほどの価値があったのか。それが金銭的に価値のあるものであったとは思えない。のちのクライシュ族の場合もそうであるが、巡礼に来た人から入場料を取ることはなく、むしろ巡礼者に蜂蜜入りの水や食物を無料で提供するのがカーバの管理者の義務なのである。金銭的には無価値、あるいは逆に出費のともなう立場でも、社会的な威信につながる何かはあったろう。しかしそれが当時のアラビアにあってとりわけ重要な何かであったと考える必要はない。アラビアにいくつもあった聖地の管理者のすべてが、アラビアじゅうの人々からとりわけ尊敬されていたわけではないから。

われわれはジュルフム族追放後の四世紀から五世紀半ばごろまでのメッカについておよそ以下の理解を得られるであろう。メッカは、メッカ周辺の住民であるフザーアの子孫やキナーナの子孫などが、「部族」とか「氏族」のようなまとまった集団としてではなく、ばらばらに住み着いている集落であった。そこは、隊商路の宿駅という性格はなく、また農業が可能なオアシスでもないから、人口の規模は小さかったに違いない。しかしそこは、アラビアを代表するようなものではないが聖地ではあり、毎年なにがしかの巡礼者を迎えていた。巡礼者の目的の一つはカーバ神殿の周りを七回まわることであったが、それは目的の一つにすぎなかった。アラファートに留まる儀式、ムズダリファやミナーでおこなう儀式なども定式化していて、それらを主宰する特定の人が、メッカの住民とは無関係に存在していた。また、巡礼をする空間と時間は「ハラム＝禁じられた」の観念と結びつき、巡礼の儀式の最後に「ハラム」の月が翌一月なのか二月なのかを決定する人物も別にいた。メッカの集落内部にもカーバの鍵を預かる特定の人がいた。そしてそれを預かっていることは社会的になにがしかの意味をもっていたが、その人物がメッカの市長とかという形でメッカを代表していたわけではなかった、と。この時代、アラビアにはいくつかのそれなりに大きな政治権力があった。しかし、メッカ社会がそれらのうちのいずれかに支配されていたとは伝承は語らない。メッカの住民のだれかが税を集めてそのような権力者に税を納めていた、という伝承はないのである。メッカは、アラビアの政治権力に注目されるような集落ではなかったことを意味している。そしてそのようなメッカに、クライシュ族が住み着くことになる。

クライシュ族のクサイイ

イスラームの伝承は、クライシュ族は誉れの高い家系であることを強調する。預言者ムハンマドが属する集団であるから当然である。アブラハムとイシマエルの血をひく名門中の名門がクライシュ族、ということになる。しかしアブラハムとイシマエルの血をひくのは、北アラブのすべてである。わが国の系図は正流（嫡流）と傍流とを分けたがる。長男が家系を継いで、次男以下は分かれていくのだ、という理念が系図にはたらくからである。あるいは家の財産の主要部分を引き継いだものが正流で他は傍流だとする現実も系図に反映している。アラブの系図意識はわが国のそれとはまったくことなる。それはあくまでも血の流れであって、「家」の継承者の流れではない。一人の人の複数の子はみな同じ血をひいているのであって、そのなかに長男・次男とか、主要な継承者かそうではないか、といった差別はない。財産も均分相続が原則である。クライシュ族が誉れ高い家系であるのは、のちにムハンマドという預言者を生むことになる家系であるからなのである。結果において誉れ高い家系なのだが、ムハンマドが預言者としてアラビアの多くの人々を組織するまでは、人々はそのようには認識していなかった。

クライシュ族とは、キナーナ族の一部である。フザーア族とともにメッカに住んだキナーナ族は、そのなかのバクル族が多かった、という。バクル族は、同じキナーナ族の一部であってもクライシュ族とはことなった系図をもつ。むろんバクル族のすべてがメッカに住んだのではなく、そのまた一部が、氏族という枠組ではなくばらばらに、またフザーア族などの人々とともにメッカにいたのであった。その時代クライシュ族は、大きくみれば一族であるキナーナ族の人々のなかでばらばらに生活していた、と多くの伝承は伝えている。「族」としてのまとまりはなかったのである。そのような「クライシュの子孫」の一人にキラーブという男がいた。ムハンマドの六代前の祖先である。

「キラーブにはクサイイとズフラという名のふたりの子供があった。その母は、サヤルの子、サードの娘、ファーティマであった。その家系は、ヤマン（南アラビア）のアズド族のなかのジュースマ族のなかのジャダラ族に属し、キナーナ族のなかのバクル族のなかのディール族のハリーフであった」。以上は、イスラーム時代まで伝えられた個人に関する伝承の典型的な形のひとつを示している。個人の情報として、その名前、すなわち祖先の系図が重要なのだが、同時にその子供やその母親に関する情報も重要なのである。キラーブの場合は、その子供の母親すなわちキラーブの妻は一人なのだが、一般には、ある男の子供の母親すなわち妻は一人とはかぎらない。同様にある女の子供の父親が一人であるともかぎらない。当時のアラビア社会では、男も女もその生涯をとおしては複数の相手と結婚するのが通常であったようだ。むろん、一時に複数の結婚相手をもつ男も女もいた。そして結婚の形式には、男が女のもとに通う形も、女が男の家に嫁ぐ形もともにあったようである。キラーブの妻は、南アラブ系の家系に属する女であった。しかしその家系は、キナーナ族のある家系のハリーフであったという。ハリーフとは、すでに説明したが、婚姻その他を通じてある個人に結びついた、父系では無関係の人のことである。キラーブの妻ファーティマの父親か祖父は、キナーナ族のある家系と婚姻関係をもっていた男なのだろう。またこの一族の祖先は、ジュルフム族とも婚姻関係をもっていた。要するに彼らはメッカの住民なのだ。そしてファーティマ自身もメッカに住んでいた。メッカは、フザーア族やキナーナ族の人々だけではなく、のちのメッカと同じようにさまざまな人がいたのである。メッカの女ファーティマのもとに、メッカの住民ではないキラーブが通い、あるいは一時期同居し、その結果生まれたのがクサイイとズフラという二人の男の子であった、というのが上記の伝承の内容なのである。クサイイはムハンマドの五代前の祖先である。その兄ズフラはムハンマドの母アーミナの祖先である。このムハンマドの祖先たちはメッカ生まれであった、ということになる。

上記の伝承が語る話のつづきは以下である。「キラーブの死後、ザイドの子、サードの子、ウズラの子、ハラームの子、ラビーアがメッカに来てファーティマと結婚した。そのときズフラはすでに大きくなっていたが、クサイイはまだ幼児であった。ラビーアはファーティマを彼の土地に連れていったが、彼女はズフラをメッカに残しクサイイは共に連れていった。そしてファーティマはラビーアにリザーフを産んだ。クサイイは成長して大人になると、メッカに来てそこに住んだ」。クサイイの母は、その生涯に少なくとも二人の夫をもったのである。最初の夫キラーブはおそらく、メッカの彼女の家に通うか寄宿する夫であったが、もう一人の夫ラビーアは自分の家（テント？）に彼女を連れていってしまった。彼女は二とおりの結婚の型を経験したのであった。ラビーアは、アラビアの北部からシリア砂漠にかけてその一族が多く住んでいたクダーア族の人である。ムハンマドの五代前の祖クサイイはメッカで生まれてそこに兄やその他の親族をもち、アラビアの北部かシリア砂漠で育ってそこに異父弟をもっていたことになる。ムハンマドの時代である七世紀初頭のアラビアもそうであるが、アラビアの人々は一般に、アラビアの各地にその縁者をもっていた。

さて、メッカで生まれ、アラビア北部かシリア砂漠で育ち、またメッカにもどってきたクサイイは、フライルの娘フッバーを娶った、という。彼女はクサイイに四男二女を産んだ。クサイイの妻フッバーの父フライルとは、フザーア族で五代つづけてカーバの管理者となった家系の人で、その第五代、すなわち最後の管理者であった。クサイイがその妻を娶ったときはむろん、彼がフザーア族の管理者としては最後の人物になることをだれも知らなかった。つぎの話は、おそらくはクサイイが十分歳をとり孫がもう一人前の大人になったときのことであろう。「クサイイの子孫が広がり、その富と評判があがったとき、フライルは死んだ。そのときクサイイは、カーバやメッカのことを預かるのはフザーアやバクルの人々よりも自分のほうがよりふさわしい、と考えた。なぜなら、クライシュの家系はアブラハムの子イシマエルの子孫のなかでもっとも高貴であり、またもっとも純粋であるから。彼は、クライシュ族やキナーナ族の人々に、フザーア族やキナーナ族をメッカから追放しようともちかけ、みなはそれに同意した」。クサイイがなぜこのようなことを考えたかを説明する伝承の文言は、後世の加筆に違いない。カーバの管理者の娘婿としてクサイイは、その権利の相続を期待したにすぎないだろう。全アラビア的にみればたいしたことのない権利かもしれないが、メッカ社会だけをとってみれば社会的威信をともなう権利であったから。クサイイが話をもちかけたのは、「部族」としてのクライシュ族やキナーナ族でなかったことは明らかである。なにしろメッカにいたバクル族もキナーナ族の一部であるのだから。要するに味方をしそうな人々に話をつけたのである。そしてクサイイは、アラビア北部かシリア砂漠にいた異父弟リザーフにも手紙を書いて味方をするように話をつけた。リザーフは、ラービアの子であるがファーティマを母としない、すなわち異母兄弟やその他のクダーア族の人々をつれてアラブの巡礼者としてメッカまで来て、味方をすることをクサイイに約束した、という。

クサイイはよほどの陰謀家であったらしい。彼は、メッカ郊外のアラファートでの巡礼の儀礼を差配していたスーファの権利を奪うことからはじめた。ある年の巡礼の儀式のさい、出発の合図をするのはこのときのスーファを勤めていた人物よりも自分がよりふさわしい、とクサイイは主張したという。巡礼団に混じって、あらかじめクサイイに味方をすることを誓っていた人々がいた。彼らはクサイイの主張を支持した。メッカの住民であるフザーア族やキナーナ族の人々は何も知らされていなかったに違いないが、時の勢いでクサイイを支持してしまったらしい。スーファに味方する人々とクサイイに味方する人々のあいだで戦いがあった、と伝承はいう。そしてクサイイが勝った。メッカの住民は、クサイイが、スーファの権利を奪うだけでは満足せず、メッカの支配権をも望んでいるのではないかと疑い、あわててメッカに引き返し、戦いの準備をはじめた。クサイイも望むところと戦いを仕掛け、両者は激突した。勝敗はつかず、両者はキナーナ族のある長老を仲裁者とした。その長老は、メッカの支配権をクサイイに認め、クサイイ側が殺傷した人物についてはそのままとし、メッカの住民側が殺傷した人物についてはメッカ側がクサイイ側に賠償金を支払う、という調停案を出した。クサイイに一方的に有利な裁定であるが、両者はそれを受け入れた、という。なぜこのような一方的な仲裁をメッカの住民が受け入れたのか、その理由を伝承は語らない。いずれにせよ、クサイイはメッカの支配者となった。

メッカの支配者となったクサイイは、戦って打ち負かしたはずのアラファートでの巡礼の儀礼を差配するスーファをはじめ、ムズダリファで儀礼を差配するアドワーンの子孫、そして巡礼の儀式の最後に翌一月が「ハラム」なのかそれとも二月が「ハラム」なのかを決定する人物の権利を保証した、という。結果においては、クサイイがまずスーファと戦ったのはまったくの欺瞞なのであった。それはともかく、これらの権利は、六三〇年にムハンマドがメッカを征服し、巡礼のあり方を改めるまで、この時代に儀礼の差配を担当していた人物の子孫が代々一人ずつ、その権利を相続して受け持っていたのである。メッカへの巡礼は、メッカの住民だけが巡礼者を指導するのではなく、さまざまな人が役割を分け合うという体制が持続することになった。

一方メッカでは、クサイイはそこを「支配した」という。彼に味方した異父弟とその仲間は、アラビア北部かシリア砂漠にあった彼らの本拠地に戻った。クサイイはメッカにいくつかの居住区を設定して、そこに自分の親族、すなわちそれがクライシュ族なのだが、をよびあつめて居住させた。彼は、カーバの鍵を預かり、巡礼者に水を施す権利を握り、巡礼者に食物を施す権利を握り、集会を主宰する権利を握り、かつ戦旗を保持する権利を握った、という。また、メッカの人一人一人がもつ家畜に応じて一定のものを提供させ、それを巡礼者への食料とする権利をもった。クライシュ族の娘は彼の許可なしでは結婚せず、また男たちも彼の許可なしでは妻を娶らなかった。クライシュの人々はまた、彼の家以外ではメッカのことについて議論しなかった、という。このようなクサイイの権力を、「王の支配権」とみなしたのである。かくしてクサイイのもとで、クライシュ族の町メッカが誕生した。

ムハンマドは、このクサイイの五代下の世代に属する。ムハンマドの時代、メッカはクライシュ族の町として知られていた。そこの住民のすべてがクライシュの子孫であったわけではない。またクライシュの子孫だけが「市民権」のような排他的な権利をもっていたわけでもない。そこはあらゆる人に開かれた「自由都市」であったことをいずれ述べる。そうではあっても、そこの住民の半数がクライシュの子孫であり、町の住民も外部の人も、そこはクライシュ族の町である、と意識していた。この意識の出発点が、クサイイによるメッカの政権奪取であったことは間違いない。五世代後の人々はそのことを正確に意識していた。上記の伝承のすべてが歴史的に正しい、という保証はない。しかし、ムハンマドの時代のメッカの人々が意識していた過去の歴史的事実は、イスラーム時代の伝承という形ではあるがそこに、かなり正確に反映されていると考えてよい。メッカは、古くはジュルフム族とよばれる人々がいたが、彼らをフザーア族とキナーナ族の一部の人々が追い、やがてクサイイが彼らを破ってこの政権をとり、クライシュ族の人々をメッカに集めた、という大筋をメッカの歴史としてわれわれは認識しておこう。

ムハンマドの時代、メッカの青年男子の人口は二千人程度であった。そのうちクライシュの子孫は約半数であろう。この程度の規模の町は、当時のアラビアにあっては、立派な「都市」である。しかしわれわれは、クサイイやそれ以前のメッカを同様の規模でとらえることはできない。ムハンマドの時代、メッカの「クライシュの子孫」のうち、クサイイの子孫がかなりの比重をもって存在していた。クサイイの男の子供は四人である。クサイイが政権を奪取したとき、すでに孫の世代も成年に達していたと想像される。孫が十数人はいたかもしれない。クサイイの孫はすなわちムハンマドの曾祖父の世代である。ムハンマドが壮年の男として活躍した七世紀の初頭、すでにムハンマドの次やその次の世代も活躍していた。クサイイの世代から五世代たったとき、彼の子孫は数百人規模に膨らんでいたのである。クサイイの兄やその他の親族の子孫も、五世代のあいだに膨らんでいた。それらすべてで約千人である。クサイイの時代は、彼らすべての祖先は数十人か百数十人程度であったと推定して大きな間違いではないだろう。ムハンマドの時代のメッカの人々にとって、またムハンマドが成功した預言者であったがゆえにその後のイスラーム世界にとって、クサイイの事件は歴史にのこる大事件であった。しかし、同時代のアラビアにあっては、それほど重要ではない小さな集落での、ごく些細な事件にすぎなかったろう。メッカが、巡礼の町としてなにがしかの社会的意味をもっていたとしても、クサイイの事件によっても巡礼の体制は何の変化もなかったのだから。

四　メッカの発展

牧民社会メッカ

メッカにクライシュの子孫が住み着くようになった。彼らは何を生活の糧としていたのであろうか。毎年十二月に来る巡礼者から金を巻き上げていたわけではない。むしろ逆に、巡礼者には水や食料を無償で提供していたのだから、巡礼の町に住むことは金銭的には負担であったはずである。イスラームの思想には、他の宗教思想の多くとはことなり、商業を卑しめる発想はない。巡礼に行く途中でも、巡礼の目的地メッカでも、巡礼者は自由に商売をしてよい。おそらくは、イスラーム以前のメッカへの巡礼者も、メッカで商売もしただろう。メッカの住民は、巡礼者相手の商売にいそしんだに違いない。さりとて、十二月のその商売だけで、メッカの住民が一年を通して暮らしていけたとは思えない。伝承は、メッカがキャラバンルートの宿駅であったとは伝えない。キャラバン相手の商売もできなかった。メッカの住民は、アラビアの住民であればすべてがそうであるように商売もしたが、それ以外の仕事が主たる生活の糧であったに違いないのである。

メッカは谷間にあった。雨が少ないアラビアとはいえ、冬季にわずかながら降った雨は地下水となって谷間に集まる。谷間のしかるべき場所を掘れば、地下水脈にぶつかり、その井戸から人々は水を得ることができる。今日のような数十万人規模の都市になってしまえば話は別だが、メッカはそこの井戸水である程度の人口を養えるのである。人や家畜のための飲料水がそれなりにあるという点では、メッカは砂漠のなかのオアシスの一つであった。しかし、岩だらけのその土地は農業にはむかない。メッカは、オアシスという言葉から一般にイメージされる、砂漠のなかの緑したたる空間であったのではない。井戸こそあるが緑はまったくない、荒涼とした空間を想像しておいてよい。したがってメッカの住民は農業には従事していなかったのである。

クサイイは、クライシュの人々からおのおのが所有する家畜の群れにおうじて一定のものを提供させ、それを巡礼者への食料にしたという。一種の家畜税を課したのである。もっとも「家畜」と訳した単語は、現代語では「財産」を意味する māl の複数形 amwāl で、かならずしも「家畜」だけを意味するわけではないのだが、農民でもなく大商人でもなかったメッカの人の主要な財産は「家畜」でしかなかったろう。われわれはしかし、当時のメッカの、あるいはより広くアラビアの、家畜所有の実態について多くを知らない。今日の牧畜民の実態調査が、世界各地でおこなわれるようになった。この分野ではわが国の研究者の実績は豊かである。今日の世界で一般的に見られる、畜舎で家畜を飼い、餌は人間がわざわざ別に栽培してそれを与えるという牧畜形態は、このような調査の対象にならないし、かりに調査があったとしてもその報告は六、七世紀のアラビアの牧畜を知るには参考にならない。われわれが参考にするのは、いわゆる放牧をしている牧民の実態である。

水の豊かな南アラビアの一部やオアシスを除けば、アラビアの土地の多くは砂漠である。まったく草木のない砂漠もあるが、わずかながら雨のある冬季は緑の草が生え、春から秋までは枯れ草だけの茶褐色の景観となる砂漠も少なくない。そのような砂漠では農業は不可能だが、牧畜は可能である。冬の緑の草はもちろん、夏の枯れ草も天然の干草で、滋味豊かな家畜の飼料となる。干草は、雨にあたれば滋養分は流れ出て飼料として無価値になってしまう。わが国のような雨の多い国では干草を雨にあたらないように保存するのに苦労する。アラビアでは、夏に降雨はない。天然に生えて、そして枯れた草が、十分な飼料となるのである。しかし家畜は、草だけでは生存できない。水が必要となる。アラビアの砂漠では天然の泉は稀である。人が井戸から水を汲み上げて家畜に給すれば、家畜にとってこんなよいことはない。メッカには水はあった。集落がある谷間は岩だらけで草も少ないが、郊外には草が豊かな場所も少なくない。メッカは、牧畜の基地としての条件は整っていた。

アラビアの牧畜は、主として羊・山羊とラクダを飼う牧畜であった。羊と山羊は一緒に放牧するが、羊・山羊とラクダは一緒には放牧しない。羊・山羊の放牧を世話する牧者とラクダの放牧を世話する牧者は別人である。羊・山羊は、雄と雌を一緒には放牧しない。羊・山羊の雌は、その乳を子羊・子山羊だけではなく人間も利用するため、授乳期には子羊・子山羊の群れと分けて放牧し、朝夕にまず人間が人間のために雌羊・雌山羊の乳を搾り、その後子羊・子山羊の群れを合流させて子羊・子山羊に乳を飲む機会をあたえる。ラクダも雄と雌、そして子ラクダを分けて放牧する。一人の人が羊・山羊とラクダを所有していても、その管理のためには何人もの人手が必要なのである。羊・山羊は女・子供でも管理できる。ラクダの管理は、一般には、成年男子の仕事である。家族で仕事を分担して、いくつもの家畜の群れを管理することは不可能ではない。しかし現代の調査報告は、群れの管理にさまざまな方法があることを教えてくれる。ある人物は、自分が所有する雄羊・雄山羊、子羊・子山羊やラクダをそれぞれ他人に預けて、自分は自分が所有する雌羊と他人から預かった雌羊をまとめて管理する。別な人物は、自分と他人の子羊・子山羊を管理する。また別な人物が自分と他人の雌ラクダを管理する。そのような分業が成立している場合もある。また多くの家畜を所有していて、その一切を何人もの牧者に預けてしまう場合もある。他人の家畜を預かった場合、賃労働として働く場合もあるし、乳からつくるチーズやバターの一部を売る権利を確保するという契約もあるし、春に生まれた子の一部を自分のものとするという契約もある。家畜の所有とその管理は一人の人物では完結せず、複数の人物が関与するのが放牧という生産形態の特徴であり、複数の人物間の関係は契約にもとづくのが多くの牧民社会の実態である。われわれは、六、七世紀のメッカでの家畜の所有と管理は、以上と大きくは変わらないものと想像してよいだろう。家畜は個人レベルで所有されていた。しかし、所有していることとそれを管理することはまったく別なことで、所有者と管理者のあいだの関係は、さまざまな契約にもとづいていた。このように理解しておいて、大過ないと思われる。

クサイイの時代のメッカは、おそらくはそれ以前のジュルフム族の時代やフザーア族とキナーナ族の時代と同様に、家畜を放牧する牧民の社会であった。現代の牧民の調査を参考にしながら、ムハンマドの時代を伝える伝承を見直すと、当時のアラビアの牧民社会がおぼろげながら見えてくる。われわれが注目しなければならないのは、家畜は原則として個人が所有し、部族とか氏族の共同所有ではなかったことと、牧民社会では家畜の管理をめぐって個人間の契約関係が幅広く設定されていたことである。むろん、ある人物がその妻たちや子供たちに家畜の管理をさせた場合もあったろう。あるいは奴隷を買って彼らに家畜の管理をさせた場合もあったかもしれない。しかしそれらと並行して、契約にもとづいて個人が自分と他人の家畜の一部を管理する社会制度が確立していたに違いないのである。歴史上の牧民社会は、共同体的規制の強い農民社会とはことなって、個人が自立し、個人間の契約の観念が発達した、ある意味では現代社会に通じる面をもっていたことを理解しないと、イスラームの発展が理解できなくなる。

われわれはまた、牧民社会がもつもう一つの側面を見落としてはならない。牧民社会は、限られた空間での自給自足を目指さず、絶えず他人との商品交換を求めていたことである。牧民の家畜自体が商品である。牧民社会では家畜市が絶えず立つ。また家畜から得られる乳製品、すなわちバターやチーズがまた商品である。家畜を屠殺しその肉を食べたあとの皮革とその加工製品もまた商品である。家畜の毛とフェルトなどの加工品も商品である。それらすべてが自給用でもあるが同時に商品なのだ。牧民はそのような商品を売り、穀物などの農産物、武器などの手工業製品を購入する。牧民にとって、家畜の管理よりは、商品の取引のほうがより重要であるかも知れない。現代の調査報告は、家畜の管理はすべて他人に任せて、家畜やその他の商品の相場の情報を集めることに熱中する「長老」の存在を伝えている。それは極端な例であるとしても、牧民のすべてが商品取引にも従事するのが、牧民社会の特徴なのである。そして商品取引もまた、自立した個人と個人のあいだの契約にほかならない。牧民はまた運送業者でもあった。他人の商品を預かって定期市まで運ぶ仕事をしばしばおこなっている。商品を運んで行き来するキャラバンの人やラクダに、井戸から水を汲んで供給する仕事は、子供の小遣い稼ぎの絶好の機会であったようだ。社会全体が、商品取引や賃労働の機会を女・子供を含めて全員に与えていた、それが当時のアラビアの牧民社会であった、と想像される。それは、原始的な部族社会とか中世的な封建社会などの歴史概念でとらえきれる社会ではなく、現代社会に通じる性格をもった社会と認識しなければならない。

メッカとは、そのような牧民の住む集落であった。クサイイがその集落の「王のごとき支配権」を獲得してからも、その基本的な性格は変わらなかった。しかしクサイイは「王」のように、メッカに住む人々、少なくとも彼が設定した「居住区」に住むクライシュの子孫を中心にした人々を厳しく統制していた。

集団意識の実態

クサイイは生前に、その長子であったアブド・ダールに彼の権利のすべてを譲る、と約束していた。彼の死後も、メッカの「居住区」に住む人々は、一人の人物のもとにまとまっていることを期待したのである。成年男子の数にして数十人か、あるいは多くとも百数十人程度であっても、まとまっていればそれなりの勢力である。ところがクサイイの死後、クライシュの人々は「彼らや彼らのハリーフのそれぞれの居住区を確定して、それを売った。そのことは彼らやハリーフの全員でおこない、それに対して意見の相違や反対はなかった」という。ハリーフとは、何度も説明したが、系図ではクライシュに繋がらなくとも婚姻や母系で縁のある人のことである。クサイイは、メッカのある部分を区分けしてそこに住む人を限定したのだろう。彼の死後、人々はそれを煩わしく思い、個人でそれぞれの分を定めてそれの処分は各人に任せたのである。各人は勝手に自己の思惑で自分の分を売ってもよいと決めたのである。アブド・ダールは、クサイイにしたがっていた人々を特定の地区に繋ぎ止めておく権利を失った。メッカは、そこに住む人から土地を買えば誰でもが住める場所になった。住宅地の価格は、今日の東京に比べればとてつもなく廉価であったことは間違いない。

クサイイが死んだとき、アブド・ダールはすでに年老いていたのだろう。彼の弟アブド・マナーフもおそらく年老いていたのだがその子供たち、すなわちクサイイの孫たちは叔父であるアブド・ダールの権威を認めることを拒否して、自分たちにそれをよこせと主張しはじめた。当然のことながらアブド・ダールの子孫は反発した。その中心人物は、アブド・ダールの子、アブド・マナーフの子、ハーシムの子、アーミルであったという。すなわちアブド・ダールのひ孫、クサイイにとっては四世代下の子孫がもはや政治に関わっていたのである。世代だけからいえば、この人物はムハンマドの父親と同世代である。もちろん、男は十歳代から六、七十歳代ぐらいまで子をつくるから、同じ世代が同年配とは限らないが、クサイイが死んだ年代をムハンマドの誕生からそうさかのぼらずに推定しておいてもよいのだろう。クサイイが死んだとき、彼の孫やひ孫、さらにその下の世代まで含めてクライシュの子孫は争いをはじめた。

クサイイが集めて一ヵ所に住まわせた人々は、いまや二派にわかれて対立した。戦いをも招きかねない政治的対立は、人々の血縁意識を呼び覚ます。狭い地区に住む少数の人々である。アブド・マナーフの子孫は一つにまとまった。アブド・ダールの子孫もまた一つにまとまった。クサイイの兄ズフラの子孫も一つにまとまった。そのほかの人々もそれぞれ特定の共通の祖先の子孫であることを自覚して一つにまとまった。たとえば、クサイイの従兄弟に当たるマフズームという人物の子孫は一つにまとまった。このとき一つにまとまったそれぞれの単位が、世代をこえてメッカの人々の意識にのこっていく。ムハンマドの時代にこの単位は、日常生活のうえでも商売をするうえでも何の意味ももっていなかったが、人々の意識のなかでは「単位」として強烈に自覚されていた。ムハンマドが預言者として活動しはじめたとき、マフズームの子孫にあたるアブー・ジャフルという人物が、ムハンマドをライバル視していった言葉をおもいだす。「われわれマフズームの子孫とアブド・マナーフの子孫は、名誉を競っているのだ。彼らが巡礼者に食物を給すればわれわれもそうする。彼らが他人の商品に安全保障を与えれば、われわれもそうする。彼らが寛大にふるまえばわれわれもそうする。われわれは競走馬のように競っているのさ。それなのに何だ。彼らがいうには『われわれのなかから預言者がでて、神の啓示を受けている』だと。われわれからはそのような人物はでていない。そうであるからには、神かけて、ムハンマドなどを信じない。信じるものか」。ムハンマドの時代、マフズームの子孫もアブド・マナーフの子孫もまとまって集団として巡礼者にサービスしたりしていたのではない。個々人はばらばらにそうしていた。しかしライバル意識は個人のレベルだけではなく、集団のレベルでもあったのである。このような意識のなかの「だれそれの子孫」という表現が、集団としてではなく個々人の行動を支える場面がしばしばあった。そこから近年の研究者は「氏族」の存在を導き出したのだが、それは間違った歴史理解であることをすでに述べた。それはともあれ、そのような意識のもとになった「血縁集団」は、クサイイの死後のクライシュの人々の政治的対立のなかで、一時的には現実に存在した。

クサイイの死後クライシュの人々は、ハリーフをも巻き込みながら、十の「血縁集団」にわかれ、その五つずつが同盟して二派にわかれた。一方の中心はアブド・マナーフの子孫であった。彼らはその同盟集団とともに、カーバ神殿のかたわらに香料の入ったボウルを置き、そのボウルに各自が手を入れ、匂いのついた手を神殿の壁にこすりつけて、権利を手に入れるためには戦いも辞さないことを誓った。そのため彼らは「香料をつけた人々」とよばれた、という。もう一方の中心はアブド・ダールの子孫であるが、彼らも仲間の集団とともにカーバ神殿のかたわらで、権利を守るためには戦いも辞さないことを誓って同盟した。彼らは「同盟した人々」とよばれた。この両者はともに妥協せず、戦いは不可避とみえた。しかしなぜかある日突如妥協が成立する。クサイイがもっていた権利のうち、巡礼者に水を給する権利と巡礼者に食物を給するために一種の家畜税を集める権利をアブド・マナーフの子らに与え、カーバの鍵を預かる権利と、戦旗をもつ権利と、集会場となっていたクサイイの館の権利をアブド・ダールが引き継ぐことになった。この権利はそれ以後、それぞれの家系の特定の人物が代々受け継いでいった。

巡礼者に水を給することは、やがてはメッカの住民のすべてがおこなった。最初に水を給するという象徴的な儀礼の執行者としての栄誉はだれか特定の人が担ったとしても、それはさほどの権力ではなくなっていった。家畜税の徴収は、権力掌握と結びつくかもしれない。

しかし、メッカの人は、余裕があればだれでも巡礼者に食料を提供した。マフズームの子孫とアブド・マナーフの子孫がその点で競っていたことは、先のアブー・ジャフルの言葉で明らかである。家畜税はいつしか事実上徴収されなくなっていた。それは、巡礼者へ最初に食物を提供するという象徴的な儀礼の権利となったようである。アブド・マナーフの子孫が得た権利は、メッカの権力と結びつくことはなかった。彼らは、おそらくは意図的にそれを象徴的なものにとどめ、巡礼者への奉仕はメッカ住民の全員の権利・業務へと変えていったのであろう。一方アブド・ダールの子孫が受け継いだ権利は、メッカの住民にとってはそれなりに意味のあるものであった。しかし彼らは、カーバの鍵を預かった人物に政治権力を与えはしなかった。鍵を預かり巡礼時に扉を開けるという名誉を与えただけである。戦旗の保持と戦時にそれをだれかに授ける権利はまさに、集団の長たる人物の権利にふさわしい。しかしメッカはこのとき以来、まとまって戦争することはなかった。ムハンマドの時代になって、メッカを出てメディナに依りメッカに戦いを挑んだムハンマドと戦ったのが、メッカの住民としてはこれ以後の集団としての最初の戦いであった。このとき、アブド・ダールの子孫は戦旗をもちそれを守った。しかしただそれだけである。彼らは戦いの指揮をとったわけではない。戦旗をただもつだけの権利、としてしかその時代の人々は認識していなかったのである。集会場の相続も、メッカのその後の発展によって大きな建物がいくつもできるようになって意味を失った。要するに、アブド・ダールが受け継いだ権利も、その後の歴史の過程のなかで、結果において政治権力と結びつくことはなかったのである。

クサイイが特定の人々をメッカの一地域に集めたとき、「クライシュ族」という集団ができた。その集団はクサイイの死の直後から単一の指導者をもたない集団となり、急速に「族」としてのまとまりを欠いていった。しかし、意識のなかでは、人々は「クライシュ族」という枠組にこだわった。クサイイの死後、メッカの人々は「香料をつけた人々」と「同盟した人々」という二つの集団をつくった。この集団もじきに集団としての実態を失った。しかし、意識のなかではそれは後世の人々に受け継がれた。ムハンマドがメディナに依ってメッカと戦い、メッカが大敗したバドルの戦いの直後、メッカである殺人事件がおきた。それをめぐって、先の二つの集団の子孫は対立し、一触即発の危機をむかえたという。「クライシュ族」を二分する二つの集団は、日常生活のうえでは実態を失っていても、危機のときには表面化する集団意識として機能・存在していた。クサイイの死の直後の対立は、十の血縁集団の連合による対立であった。近代の研究者が「氏族」とみなしたこれらの「族」も、世代の交代とともにその実態を失った。しかしこれらの集団は、「クライシュ族」内部の系図の整理とも整合したため、人々の意識のなかでは強くのこった。

ムハンマドの時代のメッカの人々は、その歴史のなかにあった集団を常に意識して暮らしていた。しかしだからといって、意識のなかの集団がさまざまな面で機能していたのではないことはすでに述べたとおりである。われわれは、意識されている集団と、機能している集団とを同一視してはならない。われわれが以上から理解できるメッカの歴史は以下である。クサイイの時代、彼は彼にしたがう人々を集めて集団をつくり、彼自身がその集団の「支配者」となった。彼の死後その集団は崩れて十の集団となり、その五つずつが連合した二つの「連合」ができた。十の集団も、二つの連合も、単一の支配者を永く戴くことなしに、実態としては崩れていった。しかし、歴史上一度は存在したクサイイの集団、十の集団、二つの連合の意識は、後世の人々のなかに強くのこされた。

イーラーフの制度

「王権」の保持者をもたなくなったメッカの住民は、アラビアの他の多くの場所の住民と同様に、さまざまなレベルの集団意識をもちながらも個人の資格で家畜やその他の財産を所有し、商売をし、ときには自分の居住区も売り、結婚し、離婚し、同盟者を求め、その他の行動をした。そしてその結果、全体としてメッカは発展したのである。

伝承が伝える発展の端緒は、商業の発展である。その伝承は多くのヴァリエーションがあるが、全体としては「クライシュ」と名づけられた『コーラン』第一〇六章の文言の説明のために整理されたものである。その章は以下である。

慈悲深く慈愛あまねき神の御名において、

クライシュのイーラーフのため、
冬と夏の彼らの旅のイーラーフのため、
彼らをこの「館」の主に仕えしめよ、
餓えをふせぐために彼らに食を給し、おそれをふせぐために彼らの安全を保障し給うた
(主)に、

『コーラン』全体でクライシュという単語がでてくるのはこの一ヵ所だけなのだが、神はそのクライシュにイーラーフというものをあたえた、というのである。より具体的には、彼らの夏と冬の旅のためにイーラーフを神はあたえた。それは餓えをふせぐ食であり、おそれをふせぐ安全保障であった。イーラーフという言葉は一般的なアラビア語ではない。それが何なのか、そのためには特別な伝承が必要であった。イーラーフとは何なのかを伝える伝承にはさまざまあって、その実態はかならずしも明らかではないのだが、隊商貿易とかかわる何かであったことはたしかなようだ。一つの伝承を紹介しよう。その主人公ハーシムとは、クサイイの子、アブド・マナーフの子ハーシムで、ムハンマドの曾祖父である。

「クライシュの人々は商人であった。彼らの商売は、メッカをこえてはおこなわれず、外部の商人が商品を携えて彼らのもとを訪れると、その商品を購入し、それを仲間うちや近隣の遊牧民に売っていた。このような状態は、ハーシムがシリアに出向くまでつづいた。ハーシ

ムは、シリアで毎日羊をほふり、その肉と小麦粉入りのスープを用意して、人々を招いた。彼はこのようにして人々をもてなし、彼が高貴な生まれで優れた人物であるとの印象をあたえるようにつとめた。このことがカイサル（ローマ皇帝）の耳にはいり、カイサルはハーシムを呼び出した。ハーシムと会い、話をすると、皇帝は彼をすっかり気に入った。その様子をみてハーシムはカイサルに、クライシュの人々がシリアまで商売にきたとき、その安全を保障してそのための文書をくれるように頼んだ。カイサルはこころよくその要求に応じ、彼に安全保障の文書をあたえた。ハーシムはその文書をもって帰路につき、途中、遊牧民の宿営地をとおるたびに、その長からその地でのクライシュの商人の安全を保障したイーラーフをえた。イーラーフとは、一般の同盟を意味するのではなく、メッカとシリアの間に住む人々からえた通行の安全保障である。ハーシムがメッカにつくと、人々はかつて集めたことがないほどの大量の商品をもってハーシムのもとに集まった。彼らはその大量の商品をもってシリアに向けて出発した。ハーシムも彼らのためにえたイーラーフを確認するために彼らとともにでかけ、シリアのガザの地で死んだ」

この伝承はつづけて、ハーシムの兄弟であるムッタリブが南アラビアにでかけてその地の諸王からクライシュの商人のその地での安全保障を得、通路上の遊牧民からイーラーフを得た、と伝えている。さらに、同じく兄弟のアブド・シャムスがアビシニア（エチオピア）にでかけて、その地の王と通路上の遊牧民から同様のものを得たこと、そして同じく兄弟のナウファルがイラクにでかけてキスラー（ペルシア皇帝）と通路上の遊牧民から同様のものを得たことを伝えている。

イスラームの伝承は一般にその内容は短い。上記の伝承は、ある学者がいくつかの短い伝承をまとめて一つに編纂したものと考えられ、全面的には信頼し難いものである。この伝承は、クサイイの孫でアブド・マナーフの子である四人兄弟がメッカの隊商貿易の開拓者であったことを強調するためのもので、多分に作為が入っている。しかし、ハーシムがイーラーフを得た最初の人物であったことは多くの伝承が一致して伝え、そのことはムハンマドの時代では歴史的事実とみなされていたことをうかがわせる。またイーラーフとは、隊商が目的地に行き来する通路上の住民との契約であったことも事実であろう。ハーシムの世代は、クサイイ没後の争いの中心にいた。そのときすでにその二世代のちの人物が対立する相手側の中心人物であった。ハーシムの子や孫がそのときすでに大きくなっていて不自然ではない。彼の孫の一人はムハンマドの父である。メッカの人々が遠いところまで隊商を組織してでかける商売をはじめたのは、ムハンマドが生まれる五七〇年からそう遠く離れた過去ではなかったろう。六世紀のある時期、メッカの人々は隊商貿易をはじめた。商品を遠くまで運んで商売するには、取引地での商売の許可はもちろん必要であったが、商品を運ぶ途中で遊牧民に商品を奪われないための措置が必要であった。その措置がイーラーフであった。イーラーフこそがメッカの繁栄の基礎で、それをあたえ給うた神に感謝せよ、と『コーラン』一〇六章はいうのである。

イーラーフの具体的な内容に関して、断片的な伝承が少なからずある。それはたんなる安全保障だけではなかったようだ。道案内、水や食料の提供、遊牧民の生産する商品の委託販売など、さまざまなことを複合した総合的な契約であったろう。商売の基本は個人の行為にある。しかし「クライシュの商人へのイーラーフ」という概念は成り立ったようだ。おれはクライシュの子孫だ、あるいはそのハリーフだ、あるいはその仲間だ、ということで、契約関係にある遊牧民と容易に話がつく制度ができた、と理解できる。ある伝承はつぎのようにいう。昔クライシュの人々は、商売で財産をすってしまうと砂漠にテントを張って餓死をまっていたが、イーラーフがそのようにして飢える人を救った、と。「餓えをふせぐために彼らに食を給し、おそれをふせぐために彼らの安全を保障し給うた主」という『コーラン』の文言はそのことを指しているのだ、と。この伝承が事実をそのまま語っているという保証はないが、イーラーフの制度を確立して手広く商売をする以前のメッカの人々は貧しかったことはたしかだろう。彼らは牧民であり、巡礼月を中心にメッカに来る人々相手のしがない商人でしかなかったであろうから。イーラーフこそが今日の繁栄の基礎だと、ムハンマドの同時代のメッカの人々が信じていたとして不思議ではない。

フムスの概念

メッカの発展の第二の契機は、外からやってきた。南アラビアから大軍がメッカに押し寄せ、カーバを破壊しようとした。その指揮をとっていたのは、当時南アラビアを支配していたエチオピアのアブラハという人物であったとも、あるいはその子アブー・ヤクスームであったとも伝えられている。この軍は象を連れていた。メッカの人々は、この象という巨大な怪獣を連れた大軍に対抗する力はなかった。彼らは数名のものを除いて全員が周囲の山岳地帯に逃げてしまった。彼らは言ったという。カーバは主の館である。われわれにはそれを守る力はない。主みずからがそれを守ればよい、と。そして結果は、主みずからがみずからの館を守った。そのことについて「象」と名づけられた『コーラン』第一〇五章はいう。

慈悲深く慈愛あまねき神の御名において、
なんじの主が象の仲間をいかにあしらい給うたか、なんじは見なかったのか、
主は、彼らの計略を目茶苦茶にし給うたのではなかったか、
彼らのうえに群れなす鳥を遣わして、
焼き煉瓦のつぶてを彼らに投げつけ、
彼らを食い荒された茎のようになし給うた。

『コーラン』の文言は、主、すなわちアッラーが鳥の大軍を遣わして象を連れた軍を破った、という。ムハンマドの時代の人々は過去の歴史をそう認識していたのであろう。南アラビアから象を連れた大軍がメッカに押し寄せてきた。メッカの住民はみな逃げてしまったが、カーバの館の主は一人でこの大軍をやっつけてしまったのである。メッカの周囲はハラムの地であった。そこでの殺傷は禁じられている。もっともジュルフム族を破ったフザーア族とキナーナ族の人々はここで戦っているし、さらに後者を破ったクサイイとその仲間もここで戦っている。かなり便宜的なハラムではあった。しかしいまや状況が変わった。館の主がみずからこの地で戦いを挑んだものをやっつけてしまったのだ。そしてそれはメッカ近隣の人ならだれもが知る事実となった。ハラムとしての権威は高まった。館の主は力強くおわします。メッカの民は、その事実をおおいに宣伝しただろう。当然、そこへの巡礼者がふえておかしくない。

ムハンマドの時代のメッカの人々が認識していた歴史的事実はおよそ以上のようなものであった。しかしわれわれはもうすこし広い視野でこの事件を見直してみる必要がある。南アラビアの政権は、紀元後二世紀ごろからエチオピアのアクスム王国と密接な関係をもっていた、とすでに述べた。アクスム王国が常に政治的な主導権を握っていたらしい。そのエチオピアと南アラビアは、四世紀ごろから、急速に一神教化していく。ユダヤ教徒は、おそらく、それ以前からその地にいたであろう。そしてそこにキリスト教の勢力がひろがる。いつしかアクスム王国の国教はキリスト教となった。南アラビアでもキリスト教徒のコロニーがふえていった。そこは、イスラームの伝承ではトゥッバアという称号で知られるヒムヤル王が統治していた。結果として最後のトゥッバアとなる運命のズー・ヌワースという王がユダヤ教徒となり、キリスト教徒の迫害をはじめた。彼はおそらくアクスム王の政治的圧力を嫌ったのであろう。彼の支配領域内のキリスト教徒は敵であるアクスム王に内通しているとおそれた。それゆえの迫害であったろうが、おそれは事実となって、アクスム王が軍を派遣して南アラビアのキリスト教徒を救った。六世紀の初頭の事件であった。いったんはズー・ヌワースを追ったアクスム王の軍隊はエチオピアに引き返した。するとズー・ヌワースは勢力を回復して、反エチオピア・反キリスト教の軍事行動を再開した。そのハイライトは、ナジュラーンという大きなオアシスのキリスト教徒の集団を虐殺したことであった。日本人学者の最新の研究によれば、これは五二三年のことであった。この事件は、当時の国際的大事件となった。キリスト教徒の大頭目であった、コンスタンティノープルのローマ皇帝がこれを知り、同じキリスト教徒のよしみでアクスム王にズー・ヌワース討伐を依頼したのである。その結果エチオピアの大軍が再度南アラビアを襲い、五二五年ズー・ヌワースは殺され、南アラビア全土はエチオピア軍に征服された。その後南アラビア駐屯のエチオピア軍のなかでクーデタがおこり、アブラハという奴隷出身の将軍が全権を握った。

中東をめぐる国際関係は、今も昔も複雑である。メッカの人々がイスラーム時代まで伝えたさまざまな伝承のなかに、上に述べた国際関係の反映はみられない。同時代のメッカの人々は、南アラビアの政治変動の複雑な背景をほとんど何も知らずにいたに違いない。彼らはただ、エチオピア軍が南アラビアを占領したこととアブラハがクーデタをおこして政権を奪取したという表面的な事実しか後世に伝えていないのである。メッカがアラビアの中心ではなく、たんなる辺境でしかなかった何よりの証拠である。南アラビアの諸王朝は大量の碑文を今日に残している。そのなかのいくつかは、南アラビア軍の北方遠征の記録である。そのような記録のなかに、メッカという地名は登場しないことはすでに述べた。アブラハによる北方への軍事遠征に関しても、碑文の記録がある。そこにもメッカという地名やカーバ神殿の名、あるいはクライシュという集団名はいっさいみられない。

ムスリム知識人が信じている歴史事実によれば、アブラハが率いる南アラビア駐屯のエチオピア人を中心とする象を連れた軍隊がメッカを襲った、キリスト教の暦では五七〇年に当たる「象の年」に、預言者ムハンマドが生まれた。しかしこの歴史的事実はわれわれが知る歴史的事実と矛盾する。アブラハは五六〇年までには死んでいるのである。もしアブラハが率いる軍がメッカに来た年が「象の年」であるなら、それはムハンマドが生まれる前でなければならない。また「象の年」が五七〇年であるなら、象の軍隊を率いていたのはアブラハ以外の人物でなければならない。ムスリム知識人は、膨大な伝承のなかから適宜必要なものを選択して歴史的事実を構成するのだが、そこで選択されなかった伝承は別なことを伝えている。その一つは、南アラビア駐屯のエチオピア軍の遠征は二度あった、とする。それによれば、一つはアブラハが率いる遠征でそれはムハンマド誕生以前のことで、他の一つがムハンマド誕生の年であったことになり、われわれの知る歴史事実と矛盾しない。もう一つの伝承は、南アラビアからの軍はアブラハの子、アブー・ヤクスームが率いていた、とする。これならムハンマドの生まれた年であっても不思議ではない。真実がどうであったか、われわれは知る術をもたないのだが、あるとき南アラビア駐屯のエチオピア軍を中心とする象を連れた大軍がメッカまで来たことだけはたしかであろう。

碑文にみえる南アラビア支配者の称号は長い。アブラハの称号の一つの例を紹介しよう。「サバーと、ライダーン城と、ハドラマウトと、ヤマンと、ナジュドとティハーマのアラブたちの王」である。最初の五つの名称は、南アラビアの歴史的な称号を受け継いだものだが、最後の「ナジュドとティハーマのアラブたちの王」という称号が、ここでは注目される。ナジュドとは高地の意味で、アラビアを南北に貫く大山脈の東に展開する高原のことである。ティハーマとは低地の意味で、その大山脈と紅海に挟まれた海岸平野のことである。アラブたちとは、牧畜を主たる生業とする高地と低地の住民のことである。アブラハは、彼以前の南アラビアの支配者もそうであるが、その理念としては南アラビアだけではなく、ナジュドとティハーマの支配者でもあったのである。メッカは、ティハーマに属する。メッカも、アブラハやその子の立場からみれば、その支配領域にあったことになる。メッカの住民も含めて、その近辺の人々は彼にしたがう義務があった。したがわなければ軍を派遣してしたがわすまでである。

イスラームの伝承によれば、象を連れて南アラビアの軍は、大山脈の東側の高原を通っていた主要な隊商路を北上してきたらしい。通路上の人々のうちあるものは抵抗して捕らえられ、あるものはしたがい、あるものは逃げた。メッカから三日行程はなれた高原にターイフという町がある。そこからメッカへと下り、さらに海岸に沿った隊商路へ向かう道があった。ターイフの町の住民は南アラビア軍に降り、道案内を買ってでた。軍はメッカへと向かった。メッカの住民はみな逃げた。軍は、小集落にすぎないメッカを無視してどこかに進んだ。要するにアブラハかその子にとってこの遠征は、ナジュドとティハーマ全体に対する遠征であって、メッカだけを目指したものではなかったことを、伝承の総体は案外正直に伝えているのである。遠征軍のメッカの郊外のキャンプからの出発は慌しかったらしい。かなりの物品がキャンプ地に残された。メッカに残っていたごく少数の人々は、それらを拾って大金持ちになったという。ムハンマドの祖父アブド・ル・ムッタリブはその一人であったという。またのちにイスラーム世界の三代カリフとなるウスマーンの父アッファーンもその一人であったともいう。ともあれ、かなりの物品を置いたまま慌しく出発した軍は、メッカ近郊から姿を消してしまった。イスラームの伝承を読み直せば、およそ以上の状況が想像される。

南アラビア軍の真の目的が何であったにせよ、カーバの主はハラムとしてのメッカを守った。主は偉大であった。主と巡礼の目的地としてのメッカの権威は高くなった。メッカの人々はその機会を逃さなかった。彼らはフムスという概念をつくり、それを広めるべく努力しはじめたのである。彼らは主張した。「われわれはハラムの民であるから、ハラムの外でおこなわれる儀礼を尊ばない」。メッカへの巡礼が、メッカそのものと、アラファート、ムズダリファ、そしてミナーの四ヵ所でおこなわれる儀礼を合わせたものであることは述べた。そのうちハラムの地に属するのはメッカと、ムズダリファとミナーで、アラファートはハラムの地の外にある。上の文言は、ハラムの民であるメッカの住民はアラファートでの儀礼には参加しない、との宣言なのである。永い間巡礼の慣行であった儀礼の一部を無視することによって、新たな慣行をつくろうとしたのである。のちにムハンマドは、アラファートでの儀礼を含む巡礼がアブラハムの慣行であったとして、それをも含めた旧来の巡礼儀礼をイスラームの儀礼とするのだが、ムハンマドが生まれたころのメッカの人々は新たな慣行をつくることに熱中したのであった。フムスはアラファートでの儀礼を無視するだけではなく、巡礼の期間はバターやチーズを食べない、その間は特別製のテントをもちいる、その間はハラムの外から食べ物を運ばない、特別の上着を着る、などの慣行の総体であった。さらには女児を殺さない、というモラルもそこに含まれていた。アラブは男の子が生まれれば大喜びしたが、女児の誕生はかならずしも歓迎せず、しばしばそれを殺してしまった、という。フムスに属したなら、そのような蛮行をしてはならない、というのである。

メッカの人々は、周辺の人々、メッカに巡礼に来る人々、メッカの女と結婚する人々をフムスに属するように誘った。ある人々はそれを受け入れ、フムスに属した。別な人々、たとえばのちにムハンマドが移住することになるメディナの住民などはフムスには属さなかった。メッカの人々は、フムスに属さないからといって巡礼に来ることを拒否するような狭い心の持ち主ではなかった。フムスに属さなければメッカの娘とは結婚させなかったと、ある伝承は主張するが、別の多くの伝承はメッカの住民とメディナの住民との婚姻関係について伝えている。メッカの人々の理念として、フムスに属さないかぎり親密な関係をもつべきではないのだろうが、現実は別であったのだろう。ともあれ、メッカの人々は、巡礼に来ることを通じて、またフムスに属することを通じて、メッカ以外の地の人々となにがしかの関係を設定できた。そして、巡礼者やフムスに属する人の数は、南アラビアの大軍をみずから破った館の主のご威光によって、ときとともにふえただろう。南アラビア軍が残したものを拾って大金持ちになったムハンマドの祖父アブド・ル・ムッタリブは、巡礼者に蜂蜜入りの水をサービスした、という。メッカの人々もまた巡礼者をふやす努力をしたのである。巡礼者の増加、とくにそのなかでフムスに属する人の増加は、アラビアのあちこちにでかけて商売する商人となっていたメッカの住民にとって、はかりしれない利益となったであろう。

ウカーズの定期市

メッカのさらなる発展の契機は、「象の年」から十五年、と伝えられる年にやってきた。メッカから二日行程ほど山に向かったウカーズというところで、年に一度定期市が立つようになったのである。場所ははっきりしないがメッカからそう離れていないズー・マジャーズというところにも定期市が立っていた。おそらくそれはかなり昔からの市であったろう。ウカーズの市は、ズー・マジャーズをこえる規模のものに発展したようである。定期市には人が集まる。そこで刃傷沙汰があっては大変である。巡礼の目的地と同様にそこはハラムの地でなくてはならない。一般の人々は市に刀を帯びて入れない。特別な人が刀を帯びて、治安にあたっていた、という。その特別な人とは、タミーム族という北アラブ系ではあるがクライシュ族とはまったくことなる系図をもつ一群の人々であった。彼らが中心となってこの新しい定期市をもりたてたのだろう。巡礼の目的地にも定期市にも盛衰があって不思議でない。なぜウカーズの市が発展したのか、伝承は何も語らない。巡礼の目的地としてのメッカの発展がなにがしか関わっていたかもしれない。ウカーズの定期市は十一月に立ち、市に集まった人々は翌十二月にメッカに巡礼した。市はメッカへの巡礼とセットになっていたのである。定期市の発展にメッカの存在は意味をもっていただろう。そして逆に、定期市の発展のおかげで、メッカへの巡礼者もふえたに違いない。商人としてのメッカの住民は、ウカーズの定期市で商品を仕入れることもできたし、アラビア各地の人と人間関係の設定もできたである。

市に商人と商品が集まるだけではない。詩人が、ウカーズの市で詩の競作を演じたという。一つの言語が詩という表現形態をもつのはかならずしも必然ではない。現代でも、詩も、散文も、何らの文学的な表現形態ももたないたんなる話し言葉も少なくない。歴史上そのような言語は無数にあって消えていった。そして、詩が文字で記録される例は一段と少なくなる。わが日本語は、六世紀の詩を今日に残していない。英語なら、十四、五世紀から詩がはじまる。アラビア語の場合は、六世紀に突如として、詩があらわれて急速に発展した。当時、チグリス川下流のほとりに、今日のイラクの領内だが、ヒーラという町があって、そこにラフム朝というアラブの王国があった。また今日ではイスラエルが軍事占領しているシリアのゴラン高原に、ガッサーン朝というアラブの王国があった。前者は巨大なペルシア帝国の属国であり、後者はローマ帝国の属国であったが、ともにかなりの自立性を保持していた。この二つの王国の王や有力者が詩人のよき保護者であった。王への頌詩《しょうし》を歌えば詩人は金をもらえた。詩人はしかし、アラビアの各地を放浪して詩を吟じもした。それゆえ彼らはアラビアの情報通であった。ウカーズは、そのような詩人が集まる場所の一つになったのであろう。詩の競作で一番の評判をとった作品は、文字に記されて、それがカーバの壁に掛けられたという。メッカが世界の中心であらねばならないイスラームの伝承は、ウカーズでの競作こそ当時のアラビアの最高レベルのもので、そのまた最高の作品が毎年カーバの壁を飾ったのだと主張して、その作品の多くを今日に伝えている。当時ウカーズがアラビア最大の市であったとは思えないが、他の定期市同様にそこでも詩の競作はたしかにおこなわれたのだろう。メッカは、文学とも関係する町にまで発展した。

クサイイとともにクライシュ族の町として出発したメッカは、発展した。クサイイの時代から、メッカでの巡礼の儀礼は、他の家系の人との共同主宰であった。クサイイの死後、メッカの町は誰でもが住める町となった。牧畜を主たる生業とし、メッカに来る人や近隣の人相手のしがない商売にも従事していたその住民は、イーラーフという制度をつくりだし、アラビア各地の住民と協力してアラビアの内外で活躍する商人となった。南アラビアの大軍の侵攻と退却という好機をとらえて、メッカの人々はハラムとしてのメッカの権威を高め、さらにフムスという新たな規範をつくって、人々を組織しようとした。さりとて、フムスに属さない人をメッカから排除はしない、という柔軟性を示しながら。メッカの人々はまた、近隣で他人が成立させたウカーズの定期市の発展に寄与し、それを自分たちの発展のために利用した。メッカは「クライシュ族の町」ではあったが、「族」にとらわれることなく、他の人々の協力を得て、急速に発展したのである。その発展は、ムハンマドの誕生からそう遠くない過去からはじまり、誕生後に加速したのである。

五　メッカの社会

急成長するメッカ

メッカは、ムハンマドの誕生前後から急速に発展した。人口数百人規模の集落から、数千人規模の「都市」へと発展したのである。一人の女が一生に平均して二人の子供を育てれば、世代をこえて人口の規模は維持されるのだが、当時の女はかなりの数の子を産んでいた。成人女子のすべてが多くの子を産んだわけではないし、また幼児死亡率は高く、生まれた子のすべてが育つ環境ではないが、一世代で人口が倍になることがあっても不思議ではない。一世代を三十年と仮定すれば、三十年で倍となり、六十年で四倍、九十年で八倍になる勘定である。人口増加率が年に二パーセント少々でこういう計算になる。ムハンマドの曾祖父ハーシムが壮年であった時代からムハンマドの壮年時代までの三世代で、メッカの人口増加はその程度であったかもしれない。それに社会増加も加わる。発展する社会には外部から人が集まるものである。メッカの人口規模が、百年足らずのあいだに十倍に膨らんだとしても、それは想像できる範囲の現象であろう。急激に膨張していたメッカとは、どのような社会であったのだろう。ムスリム知識人は、メッカがイスラーム以前の時代から世界の中心であり、大昔からかなりの規模の都市であったと漠然と想定して、それを歴史理解の前提としている。また近代西欧の学問を身につけた研究者は、当時のメッカ社会は「部族社会」であったと割り切っている。そのいずれの理解も不正確であることを繰り返し述べてきた。われわれはさいわいに、このようなメッカに生まれ育ったムハンマドやその同世代人に関するさまざまな挿話をもっている。その一つ一つは断片的なものだが、そこから当時のメッカ社会を垣間見ることはできる。ムハンマドの一生を追いながら、メッカ社会のありようについて述べてみよう。

ムハンマドの生涯

ムハンマドの父はアブド・アッラーで、母はアーミナであった。伝承での記述の一般的な方法にならえば、アブド・アッラーはアーミナによりムハンマドを得たのであり、アーミナはアブド・アッラーにムハンマドを産んだのである。ムハンマドの両親は、今日ふうにいえば結婚し、その結果ムハンマドが誕生した。この二人の「結婚」に関してさまざまな伝承がのこされている。その一つの典型は以下である。ある祭礼の夜、アブド・アッラーはある女から結婚しようと誘われた、という。それを断わった彼は、父親に連れられてアーミナの父に会い、アーミナの父は彼女を彼にめあわせた。そして、その夜にアーミナはムハンマドを身籠った、というのである。じつに簡単な経過である。ムハンマドの祖先は不道徳なことをしないのがイスラームの伝承の特色で、アーミナがアブド・アッラーを誘って一夜をともにした、とはいわない。あくまでも双方の父親の同意のもとでと、脚色している。しかしこの伝承が伝える最初の女の場合は、彼女が誘っている。アーミナの場合もそうであったかもしれない。当時の男女の結びつきのありようはさまざまであったらしい。男女が二人だけの意志で「結婚」してしまうことは例外ではなかったようだ。かつてクサイイは、彼の許可なしでは結婚してはいけない、と人々を束縛したというが、このような「王のごとき支配者」の存在はメッカの歴史では例外で、人々は自由に結婚した。市役所などの公的な機関はメッカになかったから、結婚したことを登録する必要はなかった。むろん、さまざまなレベルでの社会的認知は必要であったろう。ときには親や親族が反対して話が壊れたこともあったかもしれない。男女の新しい関係の社会的認知を得るために、披露宴をする風習もあったようだ。のちにムハンマド自身がハディージャという女と結婚したときは盛大な披露宴をした、という。親や親族の同意は望ましいことではあったろう。しかし原則は、結婚は二人の「自由」であったことは認めなければならない。そして、ムハンマドの両親の場合はそうではないが、メッカの女はクライシュ族以外の男とも平気で「結婚」し、メッカの男は、メッカの女だけではなく、アラビアの各地で妻や子供をもっていた。

ムハンマドが生まれたとき、父アブド・アッラーはすでに死去していた。アーミナは、自分の家でムハンマドを産んだ。アーミナがとりあえずしなければならなかったことは、生まれた子供の父親の確定である。父親が不明であれば、子供の系図がなくなる。父系の系図は、その人の名前そのものである。名無しの権兵衛は、何よりも困る。当時の女は一生を通しては、複数の夫をもつのが普通であった、とすでに述べたが、一時期に複数の夫をもつ女もいた。そのような場合は、女が産んだ子供の父親が確定できない。女は、可能性のある男をカーバ神殿のなかに祭られているフバル神の神像の前に集めて、籤を引かせて子供の父親を確定したという。アーミナが産んだ子の父親は死んでしまった。確認させようがない。そこでアーミナは、アブド・アッラーの父アブド・ル・ムッタリブに子供の誕生を知らせ、その子の父はアブド・アッラーであることを認めるよう頼んだ、という。アブド・アッラーとアーミナの関係は、伝承が伝える内容そのままではなくとも、少なくとも肉親のあいだでは公認されていたのであろう。ムハンマドの祖父であるアブド・ル・ムッタリブは、アーミナの産んだ子の父親は自分のなき子アブド・アッラーであることをみなに宣言した。ムハンマドは、クライシュに繋がる系図をもつ、すなわち一人前の名前のある社会的な存在として、めでたくこの世に誕生したのである。

この時代、メッカで生まれた赤子は、砂漠に住む乳母の乳で育てられるのが普通であった、とある伝承はいう。メッカは谷間にある集落で、とくに夏は灼熱の地となり、そこは赤子を育てるにはよい環境とはいえない。高原に住む人に育てられるケースが多くても不思議ではない。赤子がまた乳母に育てられるという習慣は、中東にかぎらず、わが国を含めてつい最近までの世界の多くの地域でみられた一般的な習慣でもある。メッカの人々は乳母に気前よく謝礼をだすため、乳母志願者は多数いたという。アーミナは、多数の志願者のなかから一人の女を選んで、ムハンマドを託すことになる。もっともアーミナが選んだ、とする伝承は少なく、ムハンマドの父方の祖父アブド・ル・ムッタリブが選んだ、とする伝承が多いが、ともあれ一人の女が選ばれた。ムハンマドは、乳母とその夫、そして乳兄弟・姉妹をもつことになった。多くの社会で、乳兄弟は実の兄弟同様、場合によってはそれ以上に仲がよい。ムハンマドの場合も同様であったろう。話が、ムハンマドの誕生から六十年ほどたったときにとぶが、そのときムハンマドはアラビアの覇者になろうとしていた。彼は実力でメッカを征服したのである。征服の直後ムハンマドは、メッカを襲おうとしていた二万人の軍隊を撃破してメッカを守った。その二万人の人々は、メッカから三日行程離れた高原の町ターイフの住民や、小オアシスの住民や、遊牧民からなる雑多な人々の連合であったが、ハワージンという名の共通の祖先を共有していると意識していた人々でもあった。ムハンマドに敗れた二万人の軍は散り散りに逃げた。ターイフや小オアシスの住民は家族を置いてきていたため、家族のもとに逃げればよかった。遊牧民の場合は、家族と家畜のすべてを戦場近くまで連れてきていたため、彼らの女・子供と家畜のすべてをムハンマドの軍にとらわれてしまい、帰るべき場所を失った。戦い敗れて帰るべき場所を失った一人に、ムハンマドの乳兄弟がいた。彼はムハンマドにあい、昔のよしみを思い出させ、遊牧民の女・子供だけは返してもらった、という。ムハンマドは、親・兄弟といえども信仰なきやからとは戦う決意をし、そして現実に戦ってきたのだが、乳兄弟という関係は和平に際して有効なものとなったのである。ムハンマドにかぎらずメッカの人一人一人は、血の繋がりだけではなく、乳を共有したという繋がりをも通して、アラビアの各地の人々と幅広い人間関係を保持していたのである。

どのくらいの期間ムハンマドが乳母のもとにいたのかはわからない。メッカにもどった幼児ムハンマドは、母の手で育てられた。父が死亡していたのであるから当然のことかもしれない。子供は両親のもとで育つべきだ、という考えがわれわれには強くある。現代アメリカのように離婚の多い社会になると、だれが子供を養育すべきかがはっきりせず、社会的な混乱をもたらす。中東社会は昔も今も、アメリカ以上に離婚の多い社会である。アメリカは離婚の少なかった社会から離婚の多い社会へと急速に変化したため、子供の養育に関する新しい社会的な合意がなく、混乱しているのだが、中東では離婚は伝統的に多く、混乱はない。母親が子供を育てるのである。成長した子供が父系の親族との紐帯を強めるのはあたりまえであっても、幼児は母親が責任をもって育てる。イスラーム法では、生別も死別も離婚である。死んでしまえば夫婦の関係が断たれるのだから、これは合理的な考えだ。ムハンマドの両親の場合はたまたま死別であった。夫婦が生き別れても死に別れても、子供は母親が育てるのがあたりまえだから、ムハンマドはその母親アーミナによって育てられた。

アーミナの父親は「ズフラの子ら」という意識をもった人々の一員である。ズフラとは、ムハンマドの五代前の祖クサイイの兄のことである。アーミナの母親は、アブド・ダールの子孫である。ムハンマドの四代前の祖アブド・マナーフの兄で、前者の子孫と後者の子孫がメッカの指導権をめぐって対立したことは述べた。その対立意識はムハンマドの時代まで持ち込まれたことも述べたが、アーミナの両親はその対立にもかかわらず「夫婦」であったことになる。メッカでは、政治と日常生活は別なことなのである。アーミナがもしその母親のもとで育ち、そこで暮らしているときにアブド・アッラーを迎え、そこでムハンマドが生まれたとしたら、そしてその可能性は高いのだが、彼は、母アーミナの親族とともに、母方の祖母の親族とも親しいことになる。その祖母もまたその母親のもとで育っていたとしたら、母方の母方の曾祖母の親族も重要である。祖母も曾祖母も、ムハンマドの父方の系図とは別な系図をもつクライシュの子孫であった。ムハンマドは、預言者として活動しはじめてからは、メッカの嫌われ者になった。そのムハンマドを叔父であるアブー・ターリブという人物がかばっていた。そのアブー・ターリブの妹の子である、すなわち彼の甥でありムハンマドの従弟であるが、アブー・サラマという名の男がムハンマドの宗教活動に共鳴して一族の嫌われ者になってしまい、アブー・ターリブに保護を求めた。アブー・ターリブは言ったという。「弟の子（ムハンマド）を保護しているおれが妹の子を保護しないわけにはいかない」と。アブー・サラマにとって、母親の親族は力強い存在であったのだ。ムハンマドの母アーミナは、ムハンマド以外の子を産まなかった。二夫にまみえず、などという道徳律はないから、ムハンマドに異父兄弟がいてもおかしくないのだが、なぜかいなかった。しかしムハンマドは、父親と母親を通して、メッカに多くの親族をもっていたことになる。

ムハンマドの母アーミナは、ムハンマドとともにメディナにいるムハンマドの叔父たちを訪ねてメッカにもどる途中で死んだ、という。ムハンマドが六歳のときのことである。のちにメッカを棄てたムハンマドが移住することになるメディナにもムハンマドの親族はいたのである。ムハンマドの祖父アブド・ル・ムッタリブはメディナ生まれであった。彼の父ハーシムには、生涯を通じて四人の妻がいたのだが、そのうちの一人がメディナの女であり、ハーシムはメディナで彼女と暮らした。むろんハーシムはメディナの人になったのではなく、生涯の一時期をメディナでその女と暮らしたか、生涯の一時期にしばしばメディナを訪れてそこに馴染みの女をつくったかのどちらかであろう。ともあれハーシムとそのメディナ女のあいだの子がアブド・ル・ムッタリブで、彼は彼の母親のもとで育った。アブド・ル・ムッタリブにはメッカ育ちの異母兄弟とともに、メディナ育ちの異父兄弟もいたのである。ムハンマドの祖父の異父兄弟の子供たちがアーミナが訪ねたムハンマドの叔父たちであった、といわれる。しかし、アーミナ自身の親族がメディナにいても不思議ではない。それもムハンマドにとっては広い意味での叔父である。ともあれ、メッカの人々の親族は、メッカだけにいたのではなく、アラビアのあちこちにいた。そしてそれを頼って、人々は動き回っていた。アーミナは、供の女一人とムハンマドの三人で旅をした、と伝えられている。それが正しい伝承か否かは別にして、伝承の総体は、当時のアラビアで女・子供だけの旅行が不可能ではなかったことを示している。当時の人々は、「部族」単位で、あるいは大規模な隊商を組んでの集団の旅行だけをしていたわけではなさそうだ。旅行はいつの時代でも人々の楽しみなのだが、常になにがしかの危険はともなう。アーミナは不幸にして旅の途中で死んでしまった。しかし、危険があるからといって、人は旅をやめはしない。われわれは、集団ででではなく個人の都合で人々が、男も女も、自由に歩き回っていたような社会を想像しておかなくてはならない。

母アーミナの死後ムハンマドは父方の親族のもとにいった。六歳ではまだ自立できない。伝承は、父方の祖父アブド・ル・ムッタリブがムハンマドを育て、ムハンマドが八歳のとき祖父も死んだので、叔父アブー・ターリブがムハンマドを引き取り育てた、という。しかし子供の面倒は、一般には、男はみない。それは女の仕事である。アブド・ル・ムッタリブには四人の妻と十人の息子と六人の娘がいた。ムハンマドの父アブド・アッラーは末子であったという。ハムザという名のムハンマドの叔父がムハンマドと歳はそうかわらないと想像されるので、アブド・アッラーが末子であったとする伝承は信用できないが、彼が長子であったのではないだろう。ムハンマドが六歳のときには祖父アブド・ル・ムッタリブには孫がたくさんいたに違いない。たくさんの孫のなかで孤児となったムハンマドを祖父は特別にかわいがったかもしれない。しかし幼いムハンマドの日々の食事の世話などは、祖父の四人の妻のうちの一人、間違いなくムハンマドの父アブド・アッラーの母がしていたに違いない。その名をファーティマというムハンマドの祖母は、アブド・ル・ムッタリブとのあいだに三人の息子と三人の娘をえていた。三人の息子のうちの一人が死んでしまったムハンマドの父であった。ムハンマドには、なき父と同父・同母の二人の叔父、三人の叔母がいたことになる。祖父の死後ムハンマドを引き取った叔父アブー・ターリブもその一人である。ムハンマドが祖父母の家庭に引き取られたとき、この叔父・叔母たちは結婚して別居していたか、まだ独身でいたか不明であるが、かりに結婚して別居していてもつねに出入りしていたに違いない。後年のムハンマドは、この叔父・叔母たちの息子や娘に、あるいはその子供たちに、一番身近な親族という意識をもっていたようである。

ムハンマドは二十五歳のとき、ハディージャという女と結婚した。彼女はそのとき四十五歳であった、という。彼女は、ムハンマドと同じくクサイイの子孫であるが、クサイイの子の世代からはムハンマドとはことなる系図をもつ人であった。ムハンマドは結婚によってまた「縁」を広げたのである。そのときの彼女の歳が四十五歳であったというのは、その後ムハンマドとのあいだに七人の子供をつくっているのでかならずしも信用できないが、それなりの歳であったことは確かであろう。ムハンマドと結婚する前にハディージャは、クライシュ族のある男とのあいだに娘を一人産み、クライシュ族ではない系図をもつ男とのあいだにもう一人の娘を産んでいた。今日ふうにいえば、彼女には二度の結婚歴があり、ムハンマドとの結婚は彼女にとって三度目であった、ということになる。最初の男とは死に別れ、後の男とは生き別れたらしい。最初の娘の運命については情報はない。二番目の娘は、名をヒンドというが、ムハンマドとの結婚のときにハディージャのもとにいた。ムハンマドは娘つきの嫁をもらったのである。もっともムハンマドはハディージャの家に転がり込んだようであるから、娘つきの女の婿になった、というほうが正確であろうか。ムハンマドは、ヒンドという娘の義父になったのである。あるときヒンドが言った、という。「私は、父といい、母といい、姉妹といい、兄弟といい、人間のなかで最高の人よ。父は神の使徒、母はハディージャ、妹はファーティマ、弟はカーシムだから」と。この伝承はかなりのまゆつばものだが、ヒンドがムハンマドの子供たちと一緒に暮らしたのは事実なのであろう。クサイイの場合もそうであったが、義父とか義兄弟という「縁」もまたそれなりに意味をもっていた社会である。ヒンドはやがて結婚して同じヒンドという名の娘を産んだが幼児のときに死んでしまった、と伝えられている。しかし、それ以上のことは何もわからない。おそらく彼女自身も若死にしたのであろう。

ムハンマドはハディージャとのあいだに三男四女をえた。男の子の数を二人とする伝承も広く流布していて、正確にはわからないのだが、いずれにせよ二人か三人の男の子はみな夭折してしまった。長男をカーシムというが、ムハンマドはカーシムの父、アブー・カーシムという通称で知られるようになった。男は、男の子の親になってはじめて一人前なのである。女の子四人はみな成人に達した。彼女らの父ムハンマドと母ハディージャが普通の人だったら、彼女らは彼女らの意志のまま結婚したに違いない。しかしムハンマドは預言者として行動し、多くの人の嫌われ者になってしまった。ハディージャは、ムハンマドが預言者であることに本人以上に確信をもっていた女であった。その二人の子供であったため、娘たちはそれなりの苦労をすることになる。

長女ザイナブは、ムハンマドがまだ預言者と自覚する前に、アブー・ル・アースという男と結婚した。この二人は、ムハンマドの家庭とは別所帯をもったようだ。二人のあいだに男の子と女の子が一人ずつ生まれた。ムハンマドは孫をもったのである。この夫婦は、ムハンマドの宗教活動にあまりかかわりをもたなかった。親は親、娘夫婦は娘夫婦で、ムハンマドがメッカを棄ててメディナに移ったときも娘夫婦はメッカにとどまり、親のことなど構わなかった。移住に際してムハンマドは、たとえ親・兄弟といえども信仰なきやからとは戦う決意をしていた。そして現実にバドルという地点でムハンマドの率いる軍とメッカ軍が戦った。戦いはムハンマドの勝利となったが、敗れたメッカ軍は七十名余が戦死し、六十名余が捕虜となった。その捕虜の一人が、ムハンマドの娘婿のアブー・ル・アースであったのである。アラブ社会では、戦いのさいの捕虜は奴隷として売られてしまう。それを避けるためには、捕虜の親族が身代金を払って買い戻さなければならない。六十名余の捕虜の親族はそれぞればらばらに、メッカからメディナにでかけてムハンマドから捕虜を買い戻した。ムハンマドの娘ザイナブも夫を身請けするために父に会いにでかけた。このとき母ハディージャは死んでいたのだが、母の形見のペンダントをムハンマドにみせたザイナブは、これで夫を身請けしたいと申し出た。亡き妻を思い出したムハンマドは、娘ザイナブと孫のウマーマがメディナで生活するならという条件で、身代金なしでアブー・ル・アースを釈放した。アブー・ル・アースはメッカに帰ってしまったから、現代ふうにいえばムハンマドが力ずくで娘夫婦を離婚させたことになる。その数年後、隊商を率いていたアブー・ル・アースはまたムハンマドの軍に捕らえられてしまった。メディナに連れてこられた彼を、ザイナブは保護した。だれかが保護してしまえば、捕虜は捕虜でなくなる、という慣行があった。かつての妻の好意を受けたアブー・ル・アースは、ムスリムになる決意をし、メッカにもどって貸し借りの清算をしたのちメディナでザイナブとともに暮らした、という。

ムハンマドとハディージャの次女はルカイヤといい、三女をウンム・クルスームといった。どういうわけかこの二人は、ムハンマドの従弟にあたるウトゥバという男と結婚した。一人の男が姉妹を同時に娶る習慣が広くあったのかどうかわからない。ともあれ伝承はそういっている。ウトゥバの父はアブー・ラハブというムハンマドの叔父である。ラハブとは「炎」を意味するが、その「ラハブ」と名づけられた『コーラン』一一一章は、アブー・ラハブに対する罵倒である。

慈悲深く慈愛あまねき神の御名において、
滅びてしまえアブー・ラハブの両手、彼自身も滅びるがよい、
彼の富と彼がえたものは何の役にもたたない、
(地獄の) 炎の光のなかで焼かれるであろう、
彼の妻は薪の運び手となる、
その首に荒縄をつけられて、

ムハンマドとその叔父アブー・ラハブは、信仰をめぐって徹底的に対立し、たがいに罵倒しあっていた状況がこの文言に反映している。アブー・ラハブの妻までが巻き添えで罵倒されてしまった。こうなれば、アブー・ラハブの息子とムハンマドの二人の娘の結婚生活の維持はむずかしい。離婚してしまった。親どうしの対立が離婚をもたらしたのである。もっとも多くの伝承は脚色して、ムハンマドの娘たちは婚約していたが、結婚生活をはじめるまえに破談になった、としている。離婚した、あるいは婚約を破棄したルカイヤは、ムハンマドの仲間であり、のちにイスラーム世界の第三代のカリフとなるウスマーンと結婚して男の子を産んだが、若死にしてしまった。姉の死後、妹のウンム・クルスームがウスマーンと結婚した。姉妹とウスマーンの結婚には、親であるムハンマドの意志が多分に絡んでいたに違い

ない。

ムハンマドの末娘ファーティマは、アリーと結婚して二男三女をえた。アリーとは、ムハンマドの従弟であるが、ムハンマドが養子同様に育てた男でもある。ファーティマとアリーは、幼いころから同じ屋根のしたで暮らしていた。二人の結婚は自然のなりゆきであり、ムハンマドの意志でもあったろう。この夫婦の娘たちはみな夭折してしまったが、二人の息子は成長し、その子孫を今日にのこしている。

ムハンマドは、子供たちをえて、育て、結婚させた。ムハンマドの場合は、彼が特別な人になってしまったため、娘たちの結婚生活は親であるムハンマドに多分に影響された。長女ザイナブの結婚生活の前半は、しかし、ムハンマドの宗教活動の影響をそれほどには受けていない。おそらくこれがメッカ社会の常態であったのだろう。親は成長した子の生活になにがしかの影響は与える。しかし一方で、子は十分に自立している。当時のメッカの結婚に関するさまざまな伝承の総体は、そのような社会を想像させる。人々は、父系の血縁集団のなかで、個人の人格をもたないまま集団の一員として生まれ、育ち、結婚して、子を育てたのではない。一人一人の個人には、さまざまな「縁」があった。父系の親族、母系の親族、乳母とその親族、一人とはかぎらない妻や夫とその親族、息子や娘と義理の息子や娘とそして彼らの連れ合いの親族、などとの付き合いは濃密であったろう。一人の個人は、メッカ社会の大部分の人と、そしてメッカ外部の多くの人と「縁」をもっていた。全員がそのような

「縁」を無数にもっていたのだから、特定の「縁」が、社会集団をつくる基礎であったわけではない、ということになる。メッカ社会を「部族社会」ととらえてはいけない理由がそこにある。近年の人類学者が想定する、「エゴ（個人）」を中心とする「縁」が水平的に広がり、絡み合う「ネットワーク社会」という概念のほうが、メッカ社会の理解のために、より整合的である。

平等な人間関係

ムハンマドは、その少年時代、羊飼いをしていた、という。メッカの住民はクサイイの時代同様に、家畜所有者で、なにがしかは牧民であったろう。子供が、何人もの人が所有する雌羊か子羊を預かって放牧するのは、ごくあたりまえのことであったろう。クサイイの時代は、メッカの住民は牧民としての生活が大きな部分を占め、商人としての生活は小さな部分を占めていたにすぎなかった。ムハンマドの時代のメッカの人々は逆に、もっぱら商人として活動して、牧畜を生活の主たる糧とする人は少なかったに違いない。メッカの人々が所有していた家畜を主題とする伝承は皆無にひとしいが、主題がまったく別であっても多くの伝承は、彼らがラクダを所有していたり、羊・山羊を所有していたことを断片的に伝えている。彼らは、たとえば隊商を組んで商用にでかけるときは自分たちのラクダで行った。しかし、メッカの大人たちが牧畜活動に熱心であった、という印象を伝承は伝えていない。おそらく普段は、家畜を他人に預けて飼養させていたのだろう。メッカの人々は、周辺の民とのあいだに家畜を預け預かるという関係を濃密にもっていたに違いない。この関係は、現代の牧民の調査でみられるように平等の立場の人間間の純粋な経済的な関係であって、支配・非支配あるいはパトロン・クライアントの関係ではなかったと、想像できるのである。

ムハンマドの時代のメッカの人はまた、メッカ周辺の小オアシスや、ターイフという高原の豊かな町などに農園・果樹園をもっていた。しかし、農民として真面目に働いていた、とする伝承はない。農園や果樹園の所有者であっても、そこでの働き手として賃労働者を雇うか、小作にだすか、他人に経営を任せていたのだろう。ここでもメッカの人々は、周辺の人々と契約にもとづく豊かな人間関係を設定していたと想像される。しかし、ムハンマド時代のメッカの人々は農民ではなく、ときには不動産にも投資していた人々、と理解しておいて大過ない。

メッカの商人

ムハンマドの時代のメッカの人々は、本質的には商人であったことは間違いない。少年時代のムハンマドはあるとき、叔父アブー・ターリブの率いる隊商の一員として、シリアのボスラという町まででかけた、という。これに関する伝承の主題は、このときムハンマドにあったキリスト教徒の修道士の話なのだが、そのことはここでは無視しよう。ムハンマドは、十数人規模の隊商の小間使だった、という。まだ少年であったムハンマドが一人前の商人として隊商の一員であったのではなく、食事の世話をしたりの下働きの役を果たしていたのは納得できる。おそらく、メッカの少年はそのようにして訓練され、一人前になっていったのであろう。問題は、隊商の規模である。イーラーフという制度について言及した『コーラン』第一〇六章の文言に、「夏と冬の彼らの旅」とあった。一般のムスリム知識人の信じている解釈によればこれは、毎年夏にシリアに大隊商を派遣し、冬に南アラビアに大隊商を派遣していた当時のメッカの商業のありようを背景にした文言、ということになる。わが国の高等学校の世界史の教科書レベルの解説でも、当時のメッカは、南アラビアを経て地中海にいたる東西交易の利益を独占して繁栄した、ことになっている。メッカの商人は、冬にアデンなどの南アラビアの港湾都市にでかけて、中国やインドなどから海路もたらされる高価な品々を仕入れ、それを夏にシリアで売り捌いて地中海地方の物産を仕入れていた。おりしもこの時代、ペルシア帝国とローマ（ビザンツ）帝国は慢性的な戦闘状態にあり、ペルシア湾からユーフラテス川を上って地中海にでる東西貿易の幹線が麻痺していた。それに代わって南アラビアからアラビア半島を経てシリアに抜ける交易路が発展した。その交易路の利益を独占して、メッカは繁栄を謳歌した、というのである。このような一般的な説明と、少年ムハンマドが小間使として参加した十数人規模の隊商はイメージがあわない。ムハンマドの娘婿がメッカを棄ててからのムハンマドはさかんにメッカの隊商を襲った。

捕らわれたバドルの戦いの契機となったのは、比較的大きな隊商をムハンマドが襲おうとしたことにあった。クライシュの人が数十人参加したラクダ二千頭の隊商であった、という。この隊商を襲うべくムハンマドが出撃したのを聞いたメッカの人々が驚き慌てて、千人ばかりが武器をもって大急ぎで救援に駆けつけ、彼らがムハンマドの軍と激突したのがバドルの戦いであった。これは大隊商というにふさわしく、メッカのかなりの人がそこに投資していたのであろう。しかし、ムハンマドが襲撃を試みたメッカの隊商として、これはまったくの例外であり、他のすべてはごく小規模の隊商である。ムハンマドによって最初に襲撃されて人が殺され、商品が奪われたのは、メッカから三日行程離れたターイフからブドウなどを運んでいた四人の隊商であった。ムハンマドの娘婿が捕らわれた隊商は、十数人規模でシリアからの帰りであった。大体がこの程度である。伝承の総体が伝えているのは、メッカの人々は数名から十数名で、メッカ近郊やシリアにでかけて商売していたが、たまには、大規模な隊商を組織することもあった、という状況である。南アラビアの港湾都市にまででかけた、という伝承はほとんどない。彼らは、地球規模の東西貿易の中継者であったわけでもなさそうだ。伝承が断片的に伝える彼らが扱った商品は、アラビアでいくらでも生産される皮革製品がもっぱらで、あとは、メッカの人々が必要とした彼ら自身の食料である。また、メッカの人々はアラビアの商業を独占していたわけでもない。先に紹介したように、多くの人が集まるウカーズの定期市を差配していたのは、メッカの人ではなく、他の人々であり、ウカーズの定期市はアラビアでいくつも開かれていた年市の一つにすぎないことからも、メッカによる商業の独占などはありえないことは容易に想像できよう。

ムハンマドとハディージャの結婚の契機となったのは、ハディージャがムハンマドに商品を託してシリアまで商売に行かせたことにあった。ハディージャは、女であってもみずからの責任で商売をする商人であった。彼女は、利益を一定の割で配分する契約で、ムハンマドに商品を委託した、という。ムハンマドは供一人をつれてシリアにでかけ、誠実に契約を実行したので、四十五歳の彼女は若きムハンマドに結婚を申し込んだのである。ムハンマドが供とたった二人でシリアまでいったのか、あるいはもうすこし大きな隊商の一員としていったのかはわからない。かりに大きな隊商の一員であったとしても、商売は彼一人の責任でなされたことを、伝承は語っているのである。当然のことだが、商売は個人の責任でなされるものであったのである。委託、投資、金銭・信用の貸し借り、その他さまざまな商習慣があったろう。預言者となったムハンマドは、金銭・物品の貸し借りのさい、利子をとることを禁じた。「利息を食う人々は、悪魔がとりついて打ち倒した者のような起きかたしかできない。どうしてそうかといえば、彼らが、商売も利息をとるのも同じではないか、というからである。神は、商売をゆるし、利息をとるのを禁じ給うた」のである(『コーラン』第二章二七五節)。神は、ムハンマドは、商売は公平におこなわれなければならない、と信じていた。「信じる人々よ、おまえたちが貸し借りするときは記録しておけ。記録人に、おまえたちのあいだで（誤解がないように）公平に記録させせろ。［中略］おまえたちのあいだで現物を売買するときは別であり、記録しなくても罪ではない。（先物）取引の契約のときは証人をたてよ。記録人にも証人にも強制を加えてはいけない。［中略］もしおまえたちが旅の途中で、記録人を見つけることができないときは、担保をとっておけ。またおまえたちが互いに信用してものを託したなら、託された人は預かりものを間違いなく引き渡さなくてはいけない。［後略］」（『コーラン』第二章二八二、二八三節）。このようなモラルが期待されていた商人が、「部族社会」に生きていた、とは想像できない。メッカの住民は、一人一人が独立した商人で、ムハンマドはそうなるべく教育され、立派な商人であることを実証して、ハディージャの夫となることができたのである。

メッカの住民は、一人一人が独立した商人であった。ムハンマドの妻ハディージャのように、女であっても独立した商人なのである。現物を物々交換で、あるいは貨幣を媒介として取引することもあった。しかし、現代の商取引もそうであるが、現物取引よりは、信用にもとづく貸し借りや先物取引が、当然のことながらより活発であった。商品の委託や投資もあったろう。現代と同じように、さまざまな商取引があった。そのような高度に発達した商人世界、それがムハンマドの時代のメッカであったのである。むろん商取引はメッカだけでなされたのではない。引用した『コーラン』の文言にも「旅の途中で」とあるように、メッカの外部でも取引した。先に紹介したイーラーフという制度は、メッカの商人がその隊商の通過の安全を図るための制度であったと説明したが、そこには商品の委託等も含まれていた。メッカの商人と外部の人々との商関係の総和がイーラーフという制度なのだが、個々の取引は個人レベルでなされる。一つのエピソードを紹介しよう。

ムハンマドとメッカの大部分の人々の関係が険悪になり、ムスリムの何人かがメッカを棄ててメディナに移住しはじめたときのことである。メディナの人々はムスリムを保護している、とメッカの人々はみなして、メディナの人々を敵視していた。そのときたまたまメディナの人が一人メッカに来た。人々は彼を捕らえ、拷問を加えた。それをみたある人物がそのメディナの男に聞いた。「お前とクライシュの誰かとのあいだに保護関係はないのかね」。男は答えた。「ありますとも、某とのあいだに。神かけて、私は彼の商品に保護をあたえた。私の土地（メディナ）でそれ（彼の商品）に悪行をはたらくものからの安全を保障した。また別の某にも同じことをした」、そこで声をかけた人物はその二人をよび、二人はメディナの男を釈放した、という。

メッカ以外の土地では、メッカの人は自分自身とその商品の安全を土地の人に保障してもらう必要があった。上に紹介したケースではそれはメディナであったが、他の場所でも同じであろう。メッカの人は、イーラーフを通じて、あるいはフムスに属するという仲間意識を通じて、あるいはメッカに巡礼に来たさい水や食料を提供したことがあるという縁を通じて、あるいは父系や母系や乳の縁や婚姻の縁を通じて、そのような安全を確保した。そのさい、具体的な安全確保は、個々の人が個人のレベルでしたのであって、クライシュ族という集団で他の集団からまとまって安全保障を得たのではない。クライシュ族の、あるいは彼らの商品の安全は、個々人の努力の総和なのであって、集団の安全が個々人の安全を保障したのではないのである。商人の町メッカは、自立した商人が集まる都市であり、商人は個人の才覚でさまざまな縁を通じて他人と関係をもって、他人と取引した。その総和がメッカの繁栄であったのである。

アラビア文字の文書

メッカは文字のある社会であった。同時代の日本やアルプス以北のヨーロッパでは、文字は支配者とか宗教家とかのごく一部の人のもので、大部分の人は文字と縁のない生活をおくっていた。中東での文字の歴史は古い。紀元前三千年紀から文字は使われた。主として記録のために。記録は神殿や宮廷の出納簿が多いが、個人の商人の記録もある。中東の商人は太古から文字で記録をとっていたのである。ムハンマドは、その六十三年の生涯の半ば過ぎ、四十歳のころから宗教家として活躍し、晩年には支配者として社会を統治した。そのムハンマドは、明らかに文字を読み書きする人であった。しかし、宗教家、あるいは支配者として文字を修得したのではなさそうだ。ごく普通の一市民として、また商人として、文字を修得していた。メッカの人すべてが文字を修得したわけではないだろう。「記録人」に「記録させ」ろという『コーラン』の文言は、「記録人」という特別な能力をもつ人々がいたことを想像させる。そしてのちにムハンマドは、自分がえた神の言葉、すなわち『コーラン』の文言を「記録人」に「記録させ」ている。また多くの政治的文書を書記に書かせてさまざまな人々に発給している。きちんとした文書の作成は、「記録人＝書記」という特別な能力をもつ人々の仕事であった。しかし、メッカ社会は文字で記録することがあたりまえの社会で、人々の多くはなにがしか文字に関する知識があった社会なのである。

ムハンマドの時代のメッカ社会が用いていた文字は、いわゆるアラビア文字で、その言語はアラビア語であった。アラビア語とアラビア文字の歴史について本書で述べようとは思わないが、六世紀にはそれはともにかなり発達していた、という事実だけは指摘しておこう。ムハンマドにとってはアラビア文字で書かれたアラビア語、とはごくあたりまえの存在であった。同時代の日本語はまだ独自の文字をもたない。英語などは現代にいたってもラテン文字を借用していて、独自の文字をもたない。ラテン文字は元来は表音文字だが、ラテン語とはまったくことなる言語である英語に借用されると発音と文字は一致しなくなる。英語を修得しようとすると、何千、何万という単語のスペルと発音を丸暗記しなければならない。それは、われわれが漢字を修得する以上に骨の折れる仕事なのだ。それはともあれ、独自の文字をもつ言語というものは、「発展段階の遅れた部族社会」にあるはずがない。

メディナに移ってからのムハンマドは、ユダヤ教徒と激しく議論した。彼は、ユダヤ教徒は特別な本をもっているらしいことに気づいた。今日のキリスト教徒が言う『旧約聖書』である。ムハンマドはそれを見せろ、見せろ、と要求したが、彼らは見せようとしない。ムハンマドはやがてキリスト教徒も特別な本をもっているらしいことにも気づいた。いわゆる『新約聖書』である。もっとも当時のアラビアのユダヤ教徒が大事にしていたのは、『旧約聖書』のすべてではなく『モーセ五書』と『詩編』であり、アラビアのキリスト教徒が大事にしていたのはあるいは今日の『新約聖書』には含まれていない『ヤコブの福音書』であったかもしれない。いずれにせよ彼らは何か「本」をもっていた。しかしムハンマドは気づいた。彼らはひょっとすると「本」を読めないのではないかと。『モーセ五書』や『詩編』は元来はヘブライ語で書かれていた。この時代ヘブライ語の『聖書』は姿を消していたかもしれない。ギリシア語の『聖書』が広く流通していた。またシリア語の『聖書』も出回っていた。『福音書』もギリシア語やシリア語で書かれていた。当時のアラビアのユダヤ教徒やキリスト教徒がギリシア語やシリア語の『聖書』を正確に理解できたかどうか疑わしい。もっともムハンマドはギリシア語とかシリア語とかが何を意味するか、正確には知らなかったろう。彼は、『モーセ五書』はモーセの時代の言葉で、『詩編』はダビデの時代の言葉で、『福音書』はイエスの時代の言葉で書かれている、と認識していた。そしてこのような古い時代の言葉が現代人、すなわちムハンマドの同世代人に理解されていない、と判断したのである。彼らは、モーセやイエスなど昔の預言者に下された神の啓示を、本が読めないがために誤解しているのではないか、と疑ったのである。

ユダヤ教徒やキリスト教徒の「本」が誤読されているのだから、神は正しい「本」を自分に与えてくれている、とムハンマドは信じた。「彼（神）はなんじ（ムハンマド）に真実をもって『本 kitāb』を下し給うた、彼（神）の手にあるものの確証として、かつて彼（神）は人々の導きとして『モーセ五書 tawrāh』と『福音書 injīl』を下されたが」（『コーラン』第三章三節）と『コーラン』は言うのである。ムハンマドに下された啓示は、みなが理解できる言語で下されたのでなければ意味がない。「彼らが頼るのは意味不明の諸言語であるが、これ（『コーラン』の文言）は明晰なアラビア語なのだ」（『コーラン』第一六章一〇三節）ということになる。その明晰なアラビア語で下された啓示が、「本」となる。それは、過去の言葉で書かれているが故に誤読されている『旧約聖書』や『新約聖書』の内容を確認し、補正するものである。ムハンマドとその仲間たちはそのように主張した。

『コーラン』の文言の過半は、ムハンマドがメディナで過ごした時代のもので、メッカ時代のものは量的に少ない。どの言語もそうであるが、方言というものがある。ムハンマドの死後十数年たって、『コーラン』は今日にみる形にまとめられたが、その際、時のカリフ、ウスマーンは『コーラン』暗唱者によって言葉がことなるときは、メディナ方言ではなくメッカ方言で統一するように指示したという。ムハンマドはメッカ生まれであるから、というのがその理由であった。今みる『コーラン』の文言は、ムハンマドの時代のメッカの言葉が基本になっている、とみなしてよいだろう。いつの時代の言語でも、話し言葉と文章語はことなるものである。メッカの人々は、『コーラン』の文言よりはるかにくだけた話し言葉を用いていたに違いない。そのくだけた話し言葉にもとづいて文章語があった。英語やドイツ語で文章が書けるようになるのは、そう古い時代ではない。文章はもっぱらラテン語でつくられ、英語やドイツ語はたんなる話し言葉、あるいはその方言にすぎなかった。また今の日本の各地の方言で文章をつくるのは不可能である。文章語をもつ言語はけっして多くはない。当時のアラビア語で詩がさかんにつくられた、と述べた。メッカにも詩人がいて詩をつくった。また商業のための帳簿もつけられた。完成され、整備されてはいなくても、なにがしか文章語に近いものがメッカ社会にあった、と考えられよう。それが独自な文字で書かれた。独自な文字で書かれた文章語、それが「明晰なアラビア語」なのである。メッカとは、そのような言語をもつ「高度に発達した社会」であったのである。メッカの「明晰なアラビア語」は、メディナでもアラビアの他の地域でも通用した。当時のアラブ社会は、多少の方言差を保ちながらも、共通の文章語をもつ高度に発達した社会であった、ということにもなる。

ムハンマドの時代の、すなわち六世紀後半から七世紀初頭のメッカとは、一人一人が自立した個人が集まる社会であった。一人一人の個人は、さまざまな「縁」を得て他人との関係をもった。人と人との関係の基本は契約であった。そのような関係の総和が、メッカ社会であり、メッカと外部との関係であった。それは、一般に想像されていたような部族を中心とする社会ではなく、また支配体制というものが確立している社会でもない。自立した個人間のネットワークが社会を成り立たせている、という点では、メッカはアラビアの例外ではなかった。メディナ社会も同様であり、また他のオアシスの農民も砂漠の遊牧民も同様の社会をつくっていた。アラビア全体が、そのようなネットワーク社会であったのである。メッカはそのようなアラビアの一部であったのだが、急速に発展した商人社会、という点に特色があった。メッカでは個人の自立性はより強く、契約も口頭よりは文書によることがすすめられていた。われわれは、同時代の日本やアルプス以北のヨーロッパよりははるかに現代に近い社会を、当時のアラビアに、とりわけメッカにみいだすのである。

六　メッカとイスラーム

自由都市

ムハンマドが生きた時代、メッカは郊外も含めて人口一万人程度の都市であった。メッカの住民は家畜所有者であり、また周辺の地域で農耕地を所有する人でもあったが、基本的には彼らは、みずからの食料の大部分をも交易によって得る商人であった。住民は生まれてから死ぬまでメッカで生活するのではない。彼らはアラビアのいたるところで取引する商人たちであった。したがってメッカ以外の地にも家と妻や子供をもつ人も少なくない。反対に、メッカの外部の人が商用でメッカを訪れ、そこに留まり、そこで家庭をもってしまうこともしばしばあった。メッカという町は、短期にせよ、比較的長期にせよ、あるいは一生の場合でも、メッカを離れることとメッカに来ることに制限を加えていなかった。制限を加える機関もなかった。メッカは出入りの「自由」な都市であった。

メッカはまた、外部のいかなる勢力にも支配されない都市であった。当時のアラビアをとりまく世界では、ササン朝ペルシア帝国とローマ帝国（ビザンツ帝国）が二大勢力であった。そしてアラビアの多くの地方の政治勢力はおおむね、ペルシア帝国に従属していた。各地の政治勢力を代表する人物は、ペルシアの帝都を訪れ、皇帝からなにがしかの位をもらい、それを背景にそれぞれの地を統治するのが普通であった。ユーフラテス川のほとりにヒーラという町があり、三世紀以降はそこに連続してあったラフム朝というアラブの王朝がその代表的な例である。しかし、メッカがある紅海に近いアラビアの西部（ヒジャーズ地方）は例外で、そこにはペルシア帝国の力は及ばなかった。ローマ帝国も、シリアにあったガッサーン朝というアラブの王朝をとおして、あるいは直接にアラブを支配しようとした。しかしその支配は、ヒジャーズ地方には及ばなかった。メッカは、当時のいかなる政治勢力からも「自由」な都市であった。

メッカがもし、ペルシア帝国かローマ帝国に、あるいはアラビアの他の勢力に従属していたなら、メッカの民は支配勢力のために税を支払う必要があっただろう。そうなれば税を徴収し、管理し、メッカを代表してそれを納める機関が必要となったであろう。しかしメッカは「自由」であった。それゆえ他人のために税を集める機関を必要としなかった。メッカはまた、当時のアラビアにあっては奇跡的なことなのだが、戦争をしなかった。もしメッカが、他人に動員されてかあるいは自分のために大規模な戦争を継続していたなら、メッカは人を戦いのために組織し、戦いを指揮する機関を必要としただろう。しかしメッカにはそれもなかった。外部のだれにも支配されず、また外部のだれをも支配しない社会はしばしば、統治のための機構や機関なしに存在する。そのような例を、現在の人類学者はアフリカや南米にいくつかみいだしている。メッカは、歴史におけるそのような例の一つなのである。その意味でもメッカは「自由都市」であった。

メッカは「クライシュの子孫」の町であることは、伝承が一致して伝えている。しかしそれは「クライシュ部族」の町であったことを意味してはいない、と繰り返し述べてきた。当時のメッカの社会を、現代の社会人類学の分析概念である、「血縁にもとづく分節社会」などと理解してはならない。「クライシュの子孫」にも、またその下位概念であるさまざまな「過去の人の子孫たち」にも、機関としての長がなくて当然である。それは現実に機能している社会集団ではなく、系図の整理のための概念であったのだから。メッカは部族社会からも「自由」であった。

人間は群れて生活する動物である。メッカの住民もその例外ではない。メッカの人々は、さまざまな「縁」を通じて仲間を求めた。当然さまざまな組織ができた。日常生活のための組織、商売のための組織、信仰のための組織、町の政治をめぐる組織、その他さまざまな組織である。しかしどの組織も、永続化する傾向をもたなかった。組織はできては消え、できては消えていくのである。「縁」は個人によっていた。個人は、メッカを自由に出入りし、やがて死んでいく。「縁」にもとづく組織は、個人の立場の変化とともに変わり、消滅していく。個人の一生をこえる組織はありえないのである。体制、制度、組織が個人よりも重んじられる社会というものはある。現代の世界の各地にある。しかし、メッカでは組織はいかなるものでも一時的なものであった。

ムハンマドに対する例外的措置

アラビアとその周辺世界は、古来、神々を祭る世界であった。メッカは、アラビアにおける神々の世界の一つの中心であった。そこにあるカーバとよばれていた神殿には多くの神々の神像が祭られ、そこをめざしてアラビアの各地から巡礼者が集まった。ムハンマドはそのメッカで、天地を創造した神以外には神はなく、カーバに祭られている神像は神像ではなくたんなる偶像である、と説きはじめた。地中海世界では四、五世紀以降ユダヤ教やキリスト教といった一神教が、ローマ帝国の権力を背景に神々の世界をすっかり破壊してしまった。アラビアからみれば先進地域であった地中海世界を制覇した一神教を、メッカに導入しようとしたのがムハンマドの宗教運動であったのである。しかし、当然のことながら、ムハンマドにはローマ帝国のような権力はなかった。彼は、カーバにある神々の像をけなすことはできても、力でそれを壊すことはできない。彼の宗教活動に共鳴したものは、いつの時代の新興宗教もそうであるが、若者を中心とする少数者で、メッカ市民の圧倒的多数は、ムハンマドとその仲間を冷笑した。そして同時に、彼らの活動と存在を迷惑視した。

新興宗教に狂った息子や娘を、その親が必死になって説得して思い直させようとするのは、今も昔も同じである。それでもだめなときは、今の日本の親は警察に相談したり、裁判に持ち込もうとする。当時のメッカには、警察も裁判所もなかった。親が相談する相手は一族の長老である。一族という概念は、どの社会でもその範囲を固定していない。当時のメッカでも、一族の範囲はケース・バイ・ケースであった。長老もまた固定した概念ではない。社会的に影響力のある人、という意味以上ではない。ともあれ、ムハンマドに共鳴した若い信徒は、その親、兄弟、それぞれが一族とみなしみなされていた範囲の集団の長老などによって、説得され、脅迫され、ときには暴力をふるわれた。メッカ社会の何らかの機関が、ムハンマドとその仲間の運動を、よいとか悪いとかと裁くことはなかった。そのような裁きを与える機関が存在しなかったのだから。結局、家族・親族から激しく迫害された信徒の何人かは棄教してしまった。頑強に抵抗した何十人かは、メッカを離れてエチオピアにいってしまった。エチオピアの国王はキリスト教徒であり、メッカのこの新興の一神教運動に興味をもっていたらしい。国王は彼らを保護した。メッカを出ていこうとする彼らを引き止める論理は、メッカになかった。メッカは、出入りの自由な社会であったから。

棄教したり亡命したりした信徒もいたが、親兄弟が甘かったり、自立できる信徒はメッカに留まった。ムハンマド自身はこのとき四十歳代の人物で十分自立していた。また、その親族は概して彼の行動に甘かった。ムハンマドは、叔父の一人であるアブー・ターリブに育てられた。ムハンマドにとって父親同様のアブー・ターリブは、ムハンマドの宗教活動にけっして同調はしなかったが、それを許していた。ムハンマドの活動を毛嫌いしていたメッカの長老たち、その資格とメンバーは固定していたわけではないが、彼らがアブー・ターリブにムハンマドを説得するように要請したが、彼は断わりつづけた。やがて長老たちは陰謀を練り、アブー・ターリブとムハンマドの身内を村八分にする。彼らはそのための文書を作成し、そこに署名し、それをカーバ神殿の壁に張りつけて、人々に同調を求めた。メッカの人々はとりあえず、同調した。これがメッカの政治の一つのパターンであったろう。村八分の具体的な内容は、彼らとは結婚しないし商取引をしない、ということであった。結婚といっても新たな結婚をしないというだけではなく、彼らの女のところには通わないし、また彼らの男が通ってくるのを断わるという、現実の夫婦の関係の拒絶を含んでいただろう。また商取引も、毎日の食料までもが商品である社会であるから、その拒絶は重い意味をもっていたはずである。

村八分にされた集団は「ハーシムの子孫」である。ムハンマドにとっての曾祖父、アブー・ターリブにとっては祖父の「子孫」が彼らの「身内」であった。しかし現実には、系図によるこの線引きは厳密ではなく、「ハーシムの子孫」の枠組のなかの人でも村八分の対象とならない人もいたし、またムハンマドの妻のようにその枠組の外の人もあえてすすんで村八分になった。陰謀は特定の資格をもつ特定の範囲の人が練ったのではなく、単一の責任者はいなかった。世論が陰謀を支持したから陰謀は政治になりえたのである。村八分という重大な政治行為が、その対象を厳密に規定することなく、またその責任をとる人を定めることなく、すべてが非公式のうちになされる、これがメッカの政治であった。しばらくして、ムハンマドの母方の親族や、父方の叔母の子たちが陰謀を練った。ある日、彼らはカーバの前でつぎつぎに、われわれはこのような文書の内容を認めていない、と演説し、文書を壁から剝がして破いてしまった。そして人々はそれを許した。これで村八分は終わってしまった。これもまたメッカの政治であった。

アブー・ターリブが死んでしまった。ムハンマドにとってもメッカは住みにくい社会となった。彼の身内、それはときには祖父「アブド・ル・ムッタリブの子孫」であり、ときには曾祖父「ハーシムの子孫」であり、またときには四代前の祖「アブド・マナーフの子孫」であったりするのだが、その身内がムハンマドに辛く当たるようになった。『コーラン』で罵られた叔父アブー・ラハブがムハンマドと決定的に対立したのもこの時期である。彼の仲間にとっても状況は厳しくなった。そのころムハンマドは、メッカの北三百キロメートルほどのメディナの住民と話をつけていた。ムハンマドの仲間たちはそれぞれ機会をみてばらばらにメディナに移住した。なかには親族によって移住を妨害された信徒もいたが、メッカ社会が全体として彼らの移住を妨害することはなかった。しかしムハンマドの場合は別である。暗殺の陰謀も練られた。彼が密かにメッカを出たときには、追跡する一群の人々もいた。しかしそのいずれにも失敗し、ムハンマドがメディナに着いたとの知らせを得た後は、ムハンマドの妻子がメディナに移住することを妨げる人はいなかった。メッカは、ムハンマドのように特別な人になってしまった場合は除いて、あくまで出入り自由な社会であった。

預言者と信徒

ムハンマドは、神によってメッカに遣わされた預言者、あるいは神の使徒、と自分を位置づけていた。彼は彼以前にさまざまな預言者がさまざまな社会に遣わされたことを知っていた。たとえばノアはノアの民に、ロトはロトの民に、である。彼の論理では、神はムハンマドをムハンマドの民に遣わしたはずである。それなのにムハンマドの民はムハンマドを敬わない、というのが彼の嘆きであった。むろん政治的には、ムハンマドはいかなる意味でもメッカを代表することはなかった。しかしムハンマドにとっては、神との関係で、彼がメッカの民を代表している、とムハンマドは信じていた。彼以前のすべての預言者は、その民によって迫害された、とムハンマドは認識していた。彼にとってのメッカの現実は、ごく少数の信徒と圧倒的多数の不信徒とからなる社会であった。それは彼以前の預言者と同じ環境である。そして圧倒的多数の不信徒は預言者とその信徒を迫害している。しかしムハンマドは知っていた。神は一貫して預言者とごく少数の信徒を救い、圧倒的多数の不信徒を滅ぼしてきたことを。ノアの場合も、ロトの場合も、モーセの場合もそうなのだから、彼の場合もそうなるはずである。いな、神の助けを得て、彼自身の手で不信徒を滅ぼさなければならない、と決意した。具体的には彼と彼の仲間の親類縁者を殺すのである。

メディナに移ったムハンマドはメッカの隊商を襲おうとした。何回かの失敗ののち、ラクダ二千頭という大キャラバンが攻撃対象となった。それを救うべくメッカの民は出撃した。だれが呼びかけたのでもなく、だれが指揮したのでもなかった。自分たちの仲間の隊商の危険を知って、ともあれ千人ほどの集団が出撃したのである。隊商はルートを変えて無事であった、との知らせが届いた。それを聞いた三百人ほどは帰ってしまったが、のこりはムハンマドとその仲間と戦うべくさらに進んだ。そしてバドルの地でムハンマドの軍と戦い、敗れた。人々を扇動して戦いへと導いた男はいたが、指揮者はいなかった。各自がばらばらに戦い、あるものは殺され、あるものは捕らわれ、あるものは逃げた。捕らわれた人の家族はのちにそれぞれ身代金をメディナのムハンマドのもとに持参し、身請けした。ムハンマドの娘ザイナブも夫の身請けのためにムハンマドを訪ねたことは述べた。メッカは危急の戦いのさいでも、指導者や指揮者を選べなかったのである。

アブー・スフヤーンという男がいた。彼が戦いに敗れたメッカの人々に復讐を呼びかけた。人々はそれに応じた。自然に彼が復讐戦の準備の責任者となり、二度にわたる戦いの指揮をとった。彼が社会で、族長とか戦闘指揮官とかの役職に選ばれたわけではなかった。彼の立場は公的には何もない。しかし彼は老練の人物と認められていて、その子供たちはみな有能であった。ちなみに彼の子孫がのちのウマイヤ朝のカリフとなる。人々はこの老練で、有能な一族をもつ人物に自分たちの運命を一時的に託したのである。しかし、結果ははかばかしくはなかった。二度の戦いは何の成果もあげられずに終わった。人々はアブー・スフヤーンの指導に従うことをやめた。別に彼をなにかから罷免したのではない。彼が呼びかけてもだれも振り向かなくなっただけの話である。もっとも人の気を読むことのうまいアブー・スフヤーンが、みずから人々に呼びかけるのをやめてしまったのかもしれないが。

メッカの人々は、ムハンマドと数年にわたって戦った。彼らは勝利がおぼつかない戦いにあせった。ムハンマドが和平を提案してきた。そのときムハンマドはメッカの郊外まで来ていた。メッカの人々は彼と交渉しようとした。しかし、だれが代表となって交渉するか、そのことのきまりはなかった。使者がいってはムハンマドに追い返された。お前たちはおれとの交渉相手としてはふさわしくない、という理由で。結局ムハンマドが名指しした三人の人物がメッカを代表することになる。いずれも「長老」ではあったが、メッカの民が選んだ代表ではなかった。しかしいずれにせよ、メッカの人々はムハンマドと三人の「長老」が署名した和平の文書を承認した。かつて長老たちがハーシム家をボイコットしたときと同じで、承認といっても積極的なものではなく、あえて公然と異を唱える人がいなかった、という意味である。二年後、条約違反を口実にムハンマドはメッカに軍をすすめた。そのことを事前に知ったアブー・スフヤーンが、密かにムハンマドと交渉し、各自の家に閉じ籠れば危害を加えないとの約束をえて、それをメッカの人々に知らせていた。メッカの民のほとんどすべてが各自の家に閉じ籠り、メッカはムハンマドにより征服された。メッカの人々はその事態に異を唱えなかった。メッカの民はイスラームを受け入れたとムハンマドはみなした。メッカの人々もまたムハンマドがそのようにみなしたことを承認した。ムハンマドはメッカの政治的責任者を任命することなく、たんに集団礼拝の指導者だけを定めて引き上げた。メッカは最後まで、統治の責任者や統治機構をもたない「自由都市」であった。

メディナ

ムハンマドは、メッカを捨ててメディナに移った。そのメディナは、当時人口二万人ほどの都市であった。そのうちの三分の一ほどがユダヤ教徒で、のこりが古くからの神々を祭る民であった。後者を、慣例にしたがってアラブとよんでおく、メディナもだれにも支配されない自由都市で、内部にも何らの統治機構もない自由都市であった。同じ自由都市でも、メッカには秩序があった。少なくともムハンマドが活動を始めるまでは。統治機構・行政機構なしに秩序はあったのである。一方メディナには秩序がなく、かわりに無数の内戦があった。メッカは拠るべき城や砦はなかった。象という巨大な怪獣をつれた軍がそこに押し寄せてきたとき、メッカの住民は山に逃げてしまったのである。それに対してメディナには、百をこえる数の砦があった。メディナの住民は戦いが始まると砦に籠ったのである。メディナのアラブは、ごく近い身内どうしで、あるいはさまざまな連合を組んで、さまざまなレベルで数十年間内戦を繰り返していた。昨日の敵は今日の味方となり、味方は敵となった。戦い敗れたグループは、砦を勝者に引き渡してメディナの別な場所に移るか、メディナの外に追いだされた。戦いは英雄と指導者を生んだが、戦いを勝ち抜いて全メディナの覇権を握る人物は最後まで登場しなかった。戦いはしだいにその規模を大きくし、最後に二大陣営にわかれての決戦となった。しかしその決戦に勝敗はなく、両陣営の指揮者はともに戦死してしまった。この間ユダヤ教徒は、アラブの内戦に集団で組み込まれることなく中立を保っていたが、アラブ同様に統治機構のないいくつかの集団にわかれて生活していた。

この閉塞した状況のメディナのアラブの何人かがメッカのムハンマドの宗教活動を知り、彼にあい、共鳴した。彼らはメディナに帰って、そこでムハンマドを支持する運動を始めた。運動は、少数ではあるが着実に支持者をふやした。この状況をみてメッカのムハンマドの仲間はメディナに移住を始め、最後にムハンマド自身も移住した。メディナの運動は、たんにムハンマドを迎えることだけが目標ではなかった。預言者の到来は、つねひごろユダヤ教徒が予言していたことだった。その預言者を現実に迎えるという新しい状況をつくりだすことによって、メディナの政治の大転換を期待していた。具体的には、繰り返された内戦を収束して、メディナ内部に和平をもたらすことであった。預言者の名における和平、というスローガンは、ムハンマドの宗教活動に共鳴するしないにかかわらず受け入れられ、それが新しい政治の流れとなった。人々は、ムハンマドやその宗教活動に共鳴はしなくとも、状況を変える何かを期待したのであった。新しい流れが確実なものになったとき、さまざまなレベルで戦いを指導してきた既存の実力者のうち、ある者はその流れを承認した。ある者はそれに逆らっていたが、たまたま死んでしまった。ある者は最後の最後まで日和見であったが最終的には流れを認めた。ある者は徹底して反対し、新しい流れが決定的になったとき仲間を引き連れてメディナを去った。かくしてムハンマドを支持する運動は、和平という結果をメディナにもたらした。ムハンマドは、和平のための文書を用意し、メディナのおもだった人々と彼自身がそれに署名した。そしてメディナの人々はそれを承認した。この文書の内容に公然と反対する人々はすでにメディナを去っていた。ムハンマドは王たらんとしている、と彼をそしった詩人は何者かに暗殺されてしまった。

ムハンマドは、「神の使徒・預言者ムハンマド」と文書に署名した。そしてメディナのアラブはみなそれを認めた。ムハンマドの論理では、彼を預言者として認めた人はみな信徒である。メディナのユダヤ教徒はもとより、天地万物を創造しやがてそれを滅ぼす唯一神の信徒であるはずだ。それゆえムハンマドにとって、メディナの住民はみな信徒、ということになった。新興宗教にとって、地域社会の住民のうちごく少数が信徒で圧倒的多数が不信徒であるという状況は、普通のことであろう。メッカは普通であった。メディナでは、一つの地域社会の住民のすべてが一度に信徒になってしまった、という奇跡がおきた。もっともそれはムハンマドの立場からみてそうなのであって、メディナの住民のすべてがそう自覚していたわけではないが。しかしそう自覚したムハンマドは、自分がメディナ社会の責任者である、とみずからを位置づけ、行動した。

ムハンマドは、メディナに和平をもたらしたが、メッカの不信徒とは戦う決意をしていた。そしてラクダ二千頭規模のメッカの隊商を襲うべく出撃した。出撃したのはメッカから移住していた八十余名とメディナの信徒二百数十名であった。戦いには勝ったがムハンマドは不愉快であった。ムハンマドにとっての信徒はメディナに五千名はいたはずであった。戦いに参加しなかった信徒のある者は、まさか戦いになるとは知らなかったからと、さかんに弁明した。しかし大部分の者はムハンマドの行動を無視したのである。一年後、アブー・スフヤーンに率いられたメッカの衆三千名が復讐のためにメディナに押し寄せてきた。ムハンマドは軍勢を集めた。千名が集まった。しかし、そのうちの三百名は戦いが始まるまえに逃げてしまった。戦いは苦戦であった。戦後、ムハンマドは戦いを放棄した人々をけなしになした。ユダヤ教徒の多くは、ムハンマドを預言者とは認めなかった。メディナの民は全員が信徒であるはずである。しかし、信徒であるにもかかわらずムハンマドを預言者として認めない者もいる。また彼を預言者として認めていながらムハンマドが呼びかけた戦いに参加しない者もいる。メッカではムハンマドは、その住民を信徒と不信徒に二分した。メディナにはたてまえのうえでは不信徒はいない。神は、預言者を遣わした集団のなかの信徒を救い、不信徒を滅ぼすのが、ムハンマドの認識する歴史であった。その意味では、神が、そして神に先んじてムハンマドとその仲間が滅ぼすべき相手はメディナにはいなかった。しかし、メディナの人すべてが真の信徒ではないことは明らかであった。ムハンマドは、真の信徒ではない人々を「偽信徒」と呼んだ。ムハンマドにとってメディナは、信徒と偽信徒が住む世界であった。ムハンマドが知る過去の歴史にはない社会である。ムハンマドは、偽信徒はときには不信徒と同じ存在であると考えた。場合によっては彼らと戦うことがムハンマドの義務となる。彼は、偽信徒と戦うか否かの決定権を神から委ねられた、と認識した。

ムハンマドは、メディナの偽信徒であるユダヤ教徒と戦い、彼らをメディナから追放した。メッカの不信徒がふたたび押し寄せてきた。今度は周辺の遊牧民まで組織して、一万人の軍隊となってやってきた。ムハンマドはメディナのアラブのほぼ全員である三千人を組織してメディナを守り抜いた。防衛戦のさなか、ユダヤ教徒のある集団は防衛戦に参加せず、攻撃軍と連係する動きを見せていた。戦後ムハンマドは、ユダヤ教徒のこの集団を滅ぼした。メディナへの移住後五年たったこの段階で、メディナにはムハンマドに露骨に反対する偽信徒はいなくなったのである。ムハンマドはその後も戦いつづけた。メディナの人々に戦いへの参加を求め、戦費の負担を求めつづけた。しかし人々は容易にはその要求に応えない。ムハンマドのすることに露骨に反対はしないが、さりとて全面的にはムハンマドに協力しない、ムハンマドからみれば「偽信徒」が依然としているのである。ムハンマドは死ぬまで偽信徒への非難をやめなかった。いいかえればメディナには、ムハンマドに全面的には服従しない人がいつづけたのである。一般に、ムハンマドはメディナで全権を握った、と説明される。たしかに彼は不信徒を容赦はしなかった。しかし彼は、すべての人をすべての面で従わせる絶対的な権力を握ったのではなかった。

ムハンマドは、メッカとの戦いの過程で、メッカと競いながら、周辺の民を味方にしようと努力した。周辺の民とは、小さなオアシスの住民であったり、遊牧民であったりした。はじめは、メッカに味方をするものが多く、ムハンマドに味方をするものは少なかった。アブー・スフヤーンが指導した二回目のメディナ攻撃のさいの一万人の軍は、三千名のメッカの中核部隊と、七千名の周辺からの大応援部隊よりなっていた。それに対して、ムハンマドの陣営に駆けつけた応援部隊は微々たるものであった。しかし、この攻防戦で勝利を得られなかったメッカは声望を失い、周辺の民はムハンマドに味方するようになる。メディナ攻防戦から三年後、ムハンマドがメッカ征服に向かったときには、三千名のムハンマドの中核部隊に対して、七千名の応援部隊が参加していた。

ムハンマドがメッカ征服をめざしていたころは、だれがみてもメッカは弱体化していた。弱いものは襲われる、それがアラビアの世界の鉄則であった。メッカは「自由都市」であったが、それなりにまとまっていたから長いあいだ襲われずにすんでいた。内部にまとまりがなくなれば話は別である。だれが組織者であったかは不明だが、メッカの東方や南方に住む人々を中心に、二万と伝えられる軍勢が集まりメッカを襲う準備をしていた。それは、ターイフという都市の民あり、小オアシスの民あり、遊牧民ありの混成部隊であった。彼らがメッカを襲う直前にムハンマドがメッカを征服したことになる。そしてその直後に、ムハンマドはメッカの衆をも率いて、この二万の軍と衝突して勝った。二万の軍は散り散りに逃げ、ターイフの民はターイフに立て籠り、オアシスの民はオアシスにいる彼らの家族のもとに逃げかえった。遊牧民はその家族と家畜のすべてを戦場の近くまで連れてきていた。彼らにとってとりわけ敗戦は悲劇であった。彼らの女・子供と家畜のすべてがムハンマドの戦利品になってしまったのである。彼らのなかにムハンマドの乳兄弟がいたことを述べておいた。その乳兄弟が交渉役となってムハンマドと交渉し、彼らはその女・子供だけは返してもらった。むろん、ムハンマドを預言者と認めることが条件であった。家族以外の全財産を失った彼らは、こんどは小オアシスに逃げた人々を襲った。オアシスの民は音を上げ、それぞれムハンマドに使いをだしてムハンマドを預言者と認めて、遊牧民の襲撃からの安全保障を得た。遊牧民はこんどはターイフを囲んだ。メッカのライバル都市であったターイフもムハンマドを預言者と認め、安全保障を得た。かくして、メッカとメディナの周辺の民はすべて、ムハンマドを預言者として認める「信徒」になった。

ムハンマドは、周辺の民が彼を預言者として認めたときには、彼らに神とその使徒ムハンマドの安全保障を与えた。ムハンマドを受け入れた人は、ムハンマドの安全保障がある民を攻撃できない、というのが原則である。メッカとメディナの周辺の民の大部分がムハンマドを受け入れたとき、ムハンマドの安全保障がなければだれに攻撃されるかわからない。人々は競ってムハンマドを受け入れ、その安全保障を得るのであった。ムハンマドはある段階までは、安全保障を与えるさいに条件をつけなかった。しかし、メッカを征服し、二万の軍を破ったころから、安全保障を与えるさいに、一定の金品を要求した。いわば税金の支払いを義務づけたのである。ムハンマドはメッカ征服後、シリア方面への大遠征を企画していた。そしてその遠征への参加と戦費の負担を人々に要求しつづけた。しかし人々は容易にはムハンマドの要求に応えない。

メッカ、メディナの周辺の民はみな、「自由な空間」の住民であった。都市の住民もいた。その都市もメッカ同様の「自由都市」で、支配者や統治機構はなかった。オアシスもまた、出入り自由な空間で、その住民が固定していたわけではない。まして遊牧民のテント集落は、その構成員が毎日のようにかわる性格のものであった。都市やオアシスや遊牧民の集団の責任者をつうじて、税や戦費を集め、戦争への参加者を募るわけにはいかない。都市やオアシスの農耕地からは確実に税は徴収できた。かならず人はいるのであるから。しかし、ムハンマドが徴税人を派遣して一人一人から徴収しなければならなかった。むろん、周辺の民のあいだに、実力者はいた。何度も戦いを組織したり、もめ事の調停をしてきた人物である。ムハンマドはそのような人物を丁寧に扱っていた。しかし彼らは、何かの集団を代表しているわけではなかった。彼らをつうじて支配できる社会ではなかったのである。

人々はみなムハンマドを神の使徒・預言者と認めた。彼らは信徒であるはずである。しかし彼らの多くは戦費の負担を嫌がり、戦いへの参加も渋っている。ムハンマドは周辺の人々を「アラブ」とよんでいた。「アラブほど悪いやつはいない」「彼らは信徒からもっとも遠い存在だ」、とムハンマドは彼らを罵倒していた。メディナにもそのような偽信徒がいた。ムハンマドにとって、唯一である神を信じ、ムハンマドをその使徒・預言者と認めるだけでは「真の信徒」ではなくなった。この時期、メッカから、あるいは周辺から人々がぞくぞくとメディナに移住していた。メディナも出入り自由な空間で、それを拒む論理はなかった。しかしムハンマドは、たんに移住してくるだけでは満足しなかった。メディナに移住するのではなく、それまでの生活を捨てて、「神の道」に移住し、「神の道」で戦うことを要求した。たとえメディナにいても、「こんなに広い神の道」に移らない人は「偽信徒」なのであった。まして、周辺の都市やオアシスにいて、戦いへの参加を拒むものは論外であった。

逆の立場からいうと、ムハンマドを預言者として認めることと、彼のいうままに戦いに参加することは別なことであった。税を課せられた場合は、それは契約である以上守らなければならない。しかし、それ以上の戦費の負担はまた別な問題である。それらは、それぞれの自由意思に任されるべき事柄であった。戦いに参加したいものはする、したくないものはしない、それが彼らの原則であった。それを強制できる政治権力はアラビアに存在しなかったし、またその存在を認めようともしなかった。預言者としてのムハンマドの立場もまた、そのようなことを強制するものではなかった。彼に歯向かうものは、彼自身か彼を支持するものによってたたかれた。しかし、武器をとって歯向かわないかぎり、彼らはみな自由であったのである。

それでもムハンマドは、三万人と伝えられる軍勢を組織してシリアに向かった。砂漠にあったいくつかの都市を服従させ、軍はひきあげた。さきに、一万余の軍をもって二万の軍を破り、そしていま三万の軍を組織したムハンマドは、過去数十年のあいだアラビアにでることのなかった軍事的強者であった。メッカとメディナがあったヒジャーズ地方をのぞいて、アラビアの各地の政治勢力はペルシア帝国に従っていた、と述べた。ムハンマドが軍事的強者としてその姿を露にしたとき、ペルシア帝国はローマ帝国に軍事的に敗れ、その宮廷は混乱をきわめていた。クーデタが相次ぎ、だれが皇帝であるのかわからない状態が数年つづくことになる。アラビアの政治的実力者はいまやペルシア皇帝にたよることができない。彼らはみなムハンマドに注目し、彼に使いをだした。ムハンマドも彼らのもとに使いをおくり、彼の信仰を説明した。ムハンマドは、彼らと彼らのもとにいる人々も「信徒」になった、ととらえた。むろん、実質的には彼らはあくまでムハンマドから自立していたのではあるが。ともあれ、ムハンマドにとっては、アラビアは、「信徒」だけの世界となった。「偽信徒」も少なくはなかったが。そして、そのとき、ムハンマドは死んだ。

イデオロギーとしてのイスラーム

イスラームは、自立した個人よりなる自由な空間の産物であった。ムハンマドは、神々の世界を徹底して否定した。自分を預言者として認めないものを武力と政治力で打倒していった。しかし、人々の自由を奪ったわけではなかった。神を信じることを公にすれば、ユダヤ教の信仰をまもろうと、キリスト教徒にとどまろうと、それは各自の自由であった。「神の道」に移住することが勧められたが、移住しなくとも罰をうけるわけではなかった。彼は、人々の行動を規制し、支配する「王権」を求めようとはしなかったのである。唯一なる神を信じることによって、人々のあいだにおのずとできる自己規制を期待してはいたが。自己規制はもっぱら、ムスリム社会への寄与、という点にあった。戦いに参加する、戦費を負担するという目に見える形の寄与である。そして、自己規制が十分でない人への非難を死ぬまでやめることはなかった。しかしだからといって、寄与しない人を罰することはなかった。彼らは、最後の審判の日に神によって裁かれるに違いないと、確信していたから。どの程度寄与すればよいか、それは各自が自分の判断で決めることで、その判断が神によって裁かれるのである。自分の行為は自分が神に対して責任を負うのである。個々の人々全員に各自の責任を取らせる、それがこの社会に成立したイスラームの根本精神である。

イスラームは、多くのものをイスラーム以前のメッカ社会、そしてより広くアラビア世界に負っている。神々を祭るという点だけが否定され、アッラーの館と性格づけられたカーバ神殿は、メッカがイスラーム世界にのこした遺産の一つである。メッカへの巡礼は、フムスという新たな規範は否定され、むしろ古式がのこされた。礼拝もメッカの慣習の一つであった。そのようなさまざまな儀式・慣例がイスラーム世界へ受け継がれた。しかし、われわれは何よりもまして、一人一人の個人が自己の行為に責任をもつという社会の精神が受け継がれたことを重視するのである。また、いかなる政治制度・社会制度も強力ではなく、つねに流動的であった、というメッカ社会の性格の、そしてアラブ社会の伝統が受け継がれたことも重視するのである。

現代に生きるわれわれは、現代社会は発展していて、それにくらべて昔の社会は遅れていたと思いがちである。ましてや遊牧民が中心の社会などは、今日にくらべれば数段遅れている、と考えてしまう。そのようなわれわれの認識を、従来の学問は支えてきた。しかし、事実はどうもことなるようだ。強力な政治体制がなかった七世紀のアラビアは、今日のわれわれの社会以上に個人が自立し、社会は開放的であった。そしてそのような個人と社会の存在を前提にした、宗教、社会、政治、経済のすべてを覆うイデオロギーがイスラームということになる。それゆえイスラームは現代にも有効なイデオロギーたりうるのだ。歴史は進化の過程で、その最高段階にあるのが西欧社会なのだ、としてきた従来の学問は、棄てられなければならない。

おわりに

筆者はいま、「イスラムの都市性」という研究計画にかかわっている。文部省の科学研究費の配分を受けた研究計画である。本書は、その研究計画の成果の一部として執筆した。

わが国の大学というところは、あるいは世界の大学に共通していることかもしれないが、金がない。教職員の給料はなんとかまかなっているが、研究するための予算はきわめてとぼしい。国立大学の場合なら、講座費という名目の予算があって、その予算の枠内であれば、自由な研究が保証されている。世のため、人のため、国家のため、企業のためになるかならないかにかかわらず、学問のための学問が許されているのである。しかし現実は、講座費のなかから電気、水道、冷暖房、その他もろもろの設備維持費や電話等の通信費、研究を補助してくれるアルバイトの賃金を捻出することになるので、学問のための学問はもっぱら紙と鉛筆にたよらざるをえない。それでも、教職員の給料と、わずかとはいえ制約のない研究費があるだけ、アメリカなどの大学よりはましかもしれない。アメリカの大学では、プロジェクトを企画立案して大学以外の財団などから予算をえて、それで給料までも捻出しなければならないと聞く。

とりあえずの社会の役にたつかどうかわからない学問をする場合でも、昨今では紙と鉛筆だけでは十分ではない。さりとて大学の予算は、国公立でも私立でも潤沢ではない。わが国の大学でも、プロジェクトを企画立案して、大学以外の財源から予算を確保する必要が大きくなってきている。アメリカなどでは、政府や企業に直接寄与する研究計画がつよく望まれているようであるが、わが国の場合には、企業も、また実質的に企業が設立した財団でも、学問のための学問に援助してくれる。そして文部省は、科学研究費という名の予算枠をもち、各大学に割り振られる予算とは別枠で研究プロジェクトに補助金を支出している。講座費は、国立大学の教官にとってはなんらの苦労もなしに自動的に確保できる予算であるのに対し、科学研究費は企画立案し、さらにそれがだれかに審査されるという手続きが必要なため、不評を買うこともあるが、アメリカなどのシステムよりははるかに良いのではないか、と筆者は密かに思っている。いまのところわが国の審査は、プロジェクトが学問的に有意義かどうかで判断し、実用的か否かでは判断していないからである。

ともあれ、科学研究費で大学での研究活動のかなりの部分が賄われていることは事実である。その科学研究費のなかの一分野に、重点領域研究というものがある。特定の研究領域に、重点的に補助金をつけよう、というのである。「超伝導発現機構の解明」といった研究領域に金をつけて、世界のこの領域の研究におくれをとるまい、とするのである。しかしこのような、ひょっとすると実用化するかもしれない研究だけではなく、「原始太陽系と惑星の起源」といったきわめて基礎的な研究領域も「重点領域」になっている。そして、「イスラムの都市性」というものが、昭和六十三年度から平成二年度までの三ヵ年のあいだ、「重点領域」とされたのである。それゆえ、わが国の大学に所属するイスラーム研究者の多くはこの研究プロジェクトにかかわっている。

われわれのプロジェクトの正式名称は、「比較の手法によるイスラームの都市性の総合的研究」という。わが国の行政事務も急速にコンピュータ化しつつあり、それはそれでよいのだが、ときにはそのためにかえって煩瑣なこともおきる。この場合は、事務のコンピュータ処理のため八文字以内の略称をつくらなくてはならない。略称を「イスラームの都市性」としたいのだが、それでは九文字になってしまう。われわれの研究領域は、「都市性」の研究であって「都市」研究ではない。「イスラームの都市」とするわけにはいかない。そこで「イスラーム」を縮めて「イスラム」としてしまった。略して「イスラムの都市性」プロジェクトは、三年間は文部省の研究のための「重点領域」なのである。それゆえありあまる金が支給されるかというとそうでもない。三年間で三億円余である。大企業のちょっとしたイベント一回分の予算であろうか。しかし金がない大学人にとってはこれはかなりの額である。

このプロジェクトは、イスラーム研究者だけによるイスラーム研究なのではなく、「イスラームの都市性」をめぐってさまざまな分野と専攻の研究者による総合的、学際的研究となっている。「総合的・学際的研究」という言葉は、現代ではわれわれ大学人の世界で一種の流行語となっている。筆者は歴史研究者であるが、一昔前の歴史家に対する一般的なイメージでは、歴史家とは古い文献を一人でこつこつと読んで、むずかしい論文を書く人であった。人の能力はかぎられ、関心もかぎられる。論文は細かな問題を精緻にあつかうことになりがちだ。その歴史学における学際的研究とは、社会学や人類学など、ときには農学などの自然科学まで広がる別な学問から刺激をうけ、それらに刺激をあたえる研究態度と内容のことであろう。それを一人で文献を通じておこなうのではなく、集まって議論し、批判しあうことを通じておこなう。こうすることによって一人一人の研究者の視野はひろがり研究は深まる、というものだ。それを国際的な規模でおこなえばさらによい。このプロジェクトは、そのような総合的・学際的側面をとくに強調した。

都市を研究することはさかんである。今日、世界的に、都市化がすすんでいることはだれがみても明らかな事実である。メキシコ・シティ、カイロ、上海、東京など一千万の人口をもつ都市が出現し、何百万人規模の都市なら世界中にごろごろしている。都市を研究せずには、現代という時代はわからない。しかし、われわれのプロジェクトは「都市」を研究しようというのではない。「都市性」を研究しようという。都市的な生活、都市的な生き方、都市的な社会規範、都市的な生活倫理、都市的な社会空間、その他もろもろの都市的なものの総体のありようを「都市性」という言葉で表現してみた。この日本語は学問の世界でも、ジヤーナリズムの世界でも、教育の現場でも共通語になっていない。「都市性」に対応する英語として urbanism を、アラビア語として madīniya を選んだ。ともに普通の辞書にはでていない単語である。「都市性」という日本語も、urbanism という英語も、madīniya というアラビア語も何となく意味の通じる言葉ではある。しかしいかなる分野でも定義されていない言葉なのである。

それぞれの都市には個性がある。東京と京都はちがう。北京とニューヨークはちがう。そのちがいを、歴史にもとめたり、環境にもとめたり、住民の民衆的な背景にもとめたり、といった研究が都市研究の一つのあり方である。また世界の巨大都市の共通の問題、例えばスラム、水の供給、ごみ処理、交通などの問題を解決するための研究もまた都市研究のあり方の一つである。そのような研究とはべつな次元で、われわれは都市を農村と比較してみたりする。このようなときわれわれは、特定の都市と特定の農村を比較するのではなく、都市的なものと農村的なものを漠然と想定して、それを比較する。そのさい、都市的なものを厳密に定義しようとするとややこしい。その場その場で適宜定義して、比較してしまいがちである。しかし、都市的なものがあることが、議論の前提である。それはとうぜん、東京にも、京都にも、北京にも、ニューヨークにも、そして世界の大小の都市にも共通してあるものである。共通した何かが都市というものにある。その何かを、従来の学問はふかく追究することはなかった。

世界の大小の都市に共通してある都市的なものの総体、それがわれわれがいう「都市性」である。いまだ定義されていない「都市性」を追究してみようとする試みがわれわれのプロジェクト、ということになる。したがって、それを追究するための方法は定まっていない。とりあえず研究方法から開発しなければならない。世界の都市を、歴史の上の都市も現代の都市も、把握して比較してみることがさしあたり肝要である。しかし、都市のどの側面を把握し、比較するのか。そもそも都市を定義せずして比較が可能なのか。人口一千万の現代都市と、人口数千人の中世都市を比較することに意味があるのか。われわれはそのようなことを議論しつつある。より根本的には、さまざまな都市をさまざまな角度から比較してみたら、「都市性」を浮かび上がらすことができるのか、という疑問ものこっている。

われわれは結論を急いではいない。われわれのプロジェクトの枠内で、多くの都市と多くの都市研究が紹介された。さしあたっての印象は、歴史上の、そして現代の都市は多様であり、都市研究の方法、スタイル、問題関心もまた多様であることとである。さまざまな性格の都市を、特定の問題関心にもとづいて、一つの方法、一定のスタイルで分析しようとはしない。多様であることを確認する作業が、いまなされている。それればかりではない。「都市」という概念への疑問も、学問のレベルでだされている。都市とその周辺の農村部は連続していて、都市と農村に厳密な区分はないのではないか。農村や、さらには砂漠の遊牧民の一時的なテント集落にも「都市性」がみられるのではないか。そのような議論も飛び交っているのである。ともあれ、「都市性」をめぐってさまざまな問題関心とさまざまな角度から議論をしてみようとするわれわれの試みは、いまのところ成功している。

イスラームが最初に発展した地域は、いわゆる中東である。そこでは、紀元前三千年紀からすでに都市化がはじまった。紀元前後には、都市化は中東全体をおおっていた。アラビア半島もその例外ではなく、イスラームが勃興した七世紀には十分に都市が発達していた。アラビアをふくむ中東に農村や遊牧民の集団がいなくなった、ということではない。農村や遊牧民の集団も、自給自足していたのではなく、都市とのかかわりのなかに存在した、という状況をいうのである。紀元前後、あるいは七世紀という時代をとってみれば、都市化をどう定義しても、日本やアルプス以北のヨーロッパは都市化にはほど遠かった。中東は、一つの地域としては、世界に先駆けて都市化したのである。

イスラームは、この都市化した地域の文明の軸となった。イスラームとは、個人の心の救済をめざす狭い意味での宗教ではなく、より総合的なものである。それは、個人の日常生活のさまざまな場面、社会のありよう、その規範、権力のありよう、権力者の倫理など、人間とその社会のあらゆる側面にはたらきかける、法であり、イデオロギーであり、価値体系である。そのようなイスラームは都市的な社会、そして都市に生きる人間の存在を前提にしているのではないか、とわれわれは考える。自給自足する農村を理想社会とするイデオロギーは少なくない。柳田國男の思想はまさにそれであろう。毛沢東の思想もまたそうであった。

それに対してイスラームは、商品が流通する都市社会に根づいた価値体系なのではないか、と思うのである。

これからの都市研究はイスラームを中心にしなければならない、などと主張するのではない。しかし、都市化した社会で発展したイスラームの「都市性」を追究すれば、「都市性」に関する新しい視野が開けるのではないか、と期待するのである。その視野は、西欧のみに典型を求めてきたこれまでの学問の枠をはるかにこえ、あたらしい知の枠組をつくりだすのではないかとも期待するのである。

本書は、そのような「都市性」の研究の筆者なりの成果なのである。メッカの人々は、個人個人が、各自のさまざまな「縁」を尊重しながらも、ばらばらに生活していた。そこには、人々が寄り添いながら、またもたれあいながら、助けあって生きてゆく「共同体」はなかった。ところでわれわれは、居心地のよい「共同体」をつくることに熱心であったのかも知れない。国家規模で、地域レベルで、企業で、あるいは家庭で、仲間内だけで仲よく暮らせる「場」をもとめていた。社宅に住み、会社に通い、社員食堂で食事をとり、社員割引がきく呑み屋で一日の疲れを癒し、観光地にある会社の寮で休日を楽しむ。そのような会社＝社会をつくる努力をしてきた。このような努力をすること、それはどうも都市的ではなさそうだ。自給自足の農村を理想とする発想がそのような努力の背後にあったのではないかと疑う。居心地のよい「共同体」をあえてもとめようとしない生き方、それが都市的なものの一つではないかと思う。一人一人がばらばらに生きるのである。一人一人は各自の行為の結果を、「共同体」に押しつけるのではなく、各自で責任をとる。そのような個人の集まった社会のありようを「都市性」と考えてみた。イスラームが生まれたメッカは、アラビアという「都市性」の豊かな社会の「都市」であった。

都市的に生きるのは厳しく、また寂しい。もたれあって暮らすほうが楽である。しかし時代は、「都市化」に向かっているのではないかと思う。七世紀のメッカを描いてみたのは、時代の参考になることがあるのではないか、と思ったからである。

本書は、じつに多くの人からの学恩でなりたっている。直接教えを受けた恩師や先輩、共に学んだ仲間、研究会で議論した内外の研究者、そして印刷物を通して多くの知識を与えてくれた過去と現在の知識人などの恩である。本書の背後にあるこれらを、引用文献、あるいは参考文献としてあげるのが礼儀であると心得てはいる。しかしあげるべき文献はあまりにも多く、そのすべてをあげるのはかえって読者諸氏には不便となると考えた。かなり変わった体裁の本となってしまったが、お許しいただければ幸いである。このような本を出版物としてとりあげてくれた中公新書編集部長早川幸彦さんに心よりお礼し、また、編集の実務を担当してくれた同編集部の山本啓子さんにも心よりお礼したい。

学術文庫版あとがき

本書のもとは、一九九一年初版刊の中公新書である。それから三十年ほどたっての本書の刊行である。その間に世界は大きく変わった。それに応じて、いやそれを主導してイスラーム世界もムスリム知識人も変わった。十九世紀末に体系化した西欧の知の枠組みは、暴力的にイスラームを攻撃した。それを受けたイスラームは大きく動揺した。イスラームは変わろうとした。その変化を、主としてイスラーム世界の内部に求めていたのが、前著の時代であった。

この三十年で、近代西欧的教育制度と教科がさらに普及したのである。理科などの西欧的な教科であっても、それを教えるのも受けとるのも、イスラーム世界のそれぞれの地域の国語である。イランならイラン語（ペルシャ語）で、インドネシアならインドネシア語で。識字率の向上は、一方でムスリムのイスラームの知識を豊かにしていった。

多くのムスリムにとって、イスラームは生まれ育った家庭やその周辺の日常的な習慣であり、特段にイスラームを意識する必要はなかった。しかし文字を通して得る知識は習慣ではない。努力して獲得したものだ。ムスリムは改めてムスリムであることを自覚する。自覚したムスリムが急速に増えていったのが、この三十年であった。そして、日本や欧米諸国などイスラーム世界とは距離をおいている地域でも、そこで生活するムスリムはムスリムである立場を隠そうとはしない。日本の各地にもモスク（礼拝所）が建てられ、そこに通って礼拝するムスリムが見られるようになった。またモスクの傍にはハラール食材（ムスリムが食べることが可能な食肉など）を売る商店もできる。日本でもイスラームは可視化されていったのである。

かつてのムスリム知識人とは、マドラサ（ムスリム知識人を養成する学院）でコーラン学や伝承学を学んだ人々をもっぱら指していた。しかし、近代教育制度の普及は、伝統的知識人以外の知識人を生みだした。弁護士や医者、学校の教師、工場技師等々。そのような人々がイスラームの知識をも得るようになる。新たな知識人は十九世紀末以降のイスラーム世界のエリートとなった。しかしこの三十年でエリートではなく、大衆として存在するようになった。

自覚するムスリムは、すでに七世紀のメッカにいた。彼らは、親・兄弟・親類縁者と戦う存在であった。今日の自覚するムスリムの一部はイスラーム世界の内部でも、また外に向かっても戦う。二〇〇一年のアメリカでの同時多発テロは、ムハンマドの時代のムスリムの行動を受けついでいた。そして今もそのように行動する、あるいは行動しようと待機しているムスリムがいる。それも一つの現実である。イスラームは、自立した個人の生きようの総和である。そのことは七世紀のメッカにはじまる。本書が再刊行されることを筆者は喜んでいる。

この三十年でわが国のイスラーム研究は飛躍的に深化した。「イスラームの都市性」という大型の研究計画の成果の一部として、前著はあった。その計画の終了後もイスラームに関する大型の研究計画は相次いで実施されていった。その結果、研究者の数が増えていった。今やわが国のイスラーム研究は世界の最先端にあると言っても過言ではない。しかし、わが国の知のありようは、全体として内向きになったようだ。若い学生のあいだでアジアやアフリカなどに目を向ける者が急激に減ってしまった。さりとて欧米への関心が強まったわけでもない。そのような傾向のなかで、イスラームへの関心も弱まっている。前著の刊行時の若い世代の研究者たちは、三十年後の今日、指導的立場の研究者に成長している。しかし今の若い研究者には教える相手が少ない。残念な状況である。本書がその状況の改善に少しでも役立つなら嬉しい。

前著の刊行から数年後、『預言者ムハンマド伝』と題するアラビア語の書物の翻訳をはじめた。七世紀のメッカの状況（それ以前の状況も含む）を伝える伝承をあつめた書である。ムハンマドの死後一二十年ほどたった時点で完成した書である。前著の、そして本書で利用した伝承のあらかたが採用されている。翻訳は、筆者を世話人として、他三名の協同作業として進めた。また何人もの若手研究者の協力を得て、十数年後に完成し、岩波書店より四巻本として、二〇一〇年から二〇一二年にかけて出版された。その翻訳の過程は前著の内容の再確認であった。その結果、前著の内容に改訂は必要ないという確証を得た。本書を世におくりだす所以である。本書の刊行を進めてくださった講談社学術図書の関係者、とりわけ編集を担当してくださった原田美和子さんに心よりの御礼を申し上げげます。

二〇二一年二月

著者

本書の原本は、一九九一年三月、中公新書より刊行されました。

後藤　明（ごとう　あきら）

1941年，東京都生まれ。1967年東京大学大学院人文科学研究科修士課程修了。山形大学教授，東京大学東洋文化研究所教授，東洋大学文学部教授を経て，現在，東京大学名誉教授。専攻は初期イスラーム史。著書に『マホメットとアラブ』『イスラーム世界史』『ムハンマド時代のアラブ社会』，訳書にイブン・イスハーク著 イブン・ヒシャーム編註『預言者ムハンマド伝』全4巻などがある。

講談社学術文庫

定価はカバーに表示してあります。

メッカ
イスラームの都《と》市《し》社会《しゃかい》
後藤《ごとう》　明《あきら》

2021年4月13日　第1刷発行

発行者　鈴木章一
発行所　株式会社講談社
東京都文京区音羽 2-12-21 〒112-8001
電話　編集（03）5395-3512
販売（03）5395-4415
業務（03）5395-3615
装　幀　蟹江征治
印　刷　豊国印刷株式会社
製　本　株式会社国宝社
本文データ制作　講談社デジタル製作

ISBN978-4-06-522864-7

「講談社学術文庫」の刊行に当たって

これは、学術をポケットに入れることをモットーとして生まれた文庫である。学術は少年の心を養い、成年の心を満たす。その学術がポケットにはいる形で、万人のものになることは、生涯教育をうたう現代の理想である。

こうした考え方は、学術を巨大な城のように見る世間の常識に反するかもしれない。また、一部の人たちからは、学術の権威をおとすものと非難されるかもしれない。しかし、それはいずれも学術の新しい在り方を解しないものといわざるをえない。

学術は、まず魔術への挑戦から始まった。やがて、いわゆる常識をつぎつぎに改めていった。学術の権威は、幾百年、幾千年にわたる、苦しい戦いの成果である。こうしてきずきあげられた城が、一見して近づきがたいものにうつるのは、そのためである。しかし、学術の権威を、その形の上だけで判断してはならない。その生成のあとをかえりみれば、その根は常に人々の生活の中にあった。学術が大きな力たりうるのはそのためであって、生活をはなれた学術は、どこにもない。

開かれた社会といわれる現代にとって、これはまったく自明である。生活と学術との間に、もし距離があるとすれば、何をおいてもこれを埋めねばならない。もしこの距離が形の上の迷信からきているとすれば、その迷信をうち破らねばならぬ。

学術文庫は、内外の迷信を打破し、学術のために新しい天地をひらく意図をもって生まれた。文庫という小さい形と、学術という壮大な城とが、完全に両立するためには、なおいくらかの時を必要とするであろう。しかし、学術をポケットにした社会が、人間の生活にとってより豊かな社会であることは、たしかである。そうした社会の実現のために、文庫の世界に新しいジャンルを加えることができれば幸いである。

一九七六年六月

野間省一